Herstellung und Verlag:
BoD - Books on Demand, Norderstedt

ISBN: 9783741239342

*„Wenn Jeder König von sich selbst ist,
braucht niemand mehr König eines Anderen zu sein"*
Michael Sennheiser

Liebe Leser.

Seit ich 2011 auf einer Demo für das BGE in Berlin auf der Innenseite gewisser Pappkrönchen, die von der „Krönungswelle" verteilt wurden, das Zitat von Michael Sennheiser las, bin ich bekennender König von mir selbst und niemand Anderem.
Im Laufe der Jahre wurde ich so zum KönICH. Ein(e) KönICH ist ein Mensch, egal welchen Geschlechts oder Alters, der **eigenverantwortlich** lebt.
Für mich ist es längst zur Lebenseinstellung geworden, und ich sehe wie viele Menschen um mich herum inzwischen auch zu einem Leben in Eigenverantwortung tendieren.
Für all die, die dabei noch Hilfe und Anregung brauchen können, schreibe ich dieses Büchlein, mit dem Wissen, dass ich über das Feedback selbst weiter dazu lerne. Nach bestem Wissen und Gewissen gebe ich hier meine Erfahrungen und Gedanken zum Thema preis und freue mich, wenn ich weitere Menschen mit der Idee anstecken kann, dass die Menschheit um einiges lebenswerter leben kann, wenn sie nicht aus blind gehorchenden Befehlsempfängern besteht, sondern aus Individuen, die nicht nur selbst die Konsequenzen für ihr Handeln tragen, sondern dieses Handeln auch selbst bestimmen.
Es ist mir eine Freude, diese Gedanken zusammen zu fassen und die Welt mit ihnen zu infizieren, weil ich fest davon überzeugt bin, dass es uns allen dadurch in Kürze

bessergeht, wenn sie Anklang finden und umgesetzt werden.

Ich gebe zu, dass es nicht immer einfach ist. Vor allem am Anfang. Das ist es aber ausschließlich deswegen nicht, weil es einfach **ungewohnt** ist, in einer Welt voll von anerkannten Fremdautoritäten als KönICH zu leben.

Das erste was man lernen sollte ist, sich nicht weiter drum zu scheren, was andere von einem denken. Das eröffnet ungeahnte Horizonte und man kann sich selbst auf eine Weise kennen lernen, die man nie vermutet hätte.

Wer also das kleine bisschen Mut aufbringen kann, das es kostet, die eigenen Hemmschwellen zu überwinden, ist herzlich eingeladen, SICH SELBST zu beherrschen.

Schaden kann es niemandem.

Helfen um so mehr.

Viel Spaß im neuen Leben als KönICH,
KönICH Bauchi

> Weitere Inspirationen zu mir und dem
> was ich so mache finden sich unter
> **www.jesus-urlauber.net**

KönICH

Eine Gebrauchs-Anregung für ein
SELBSTBESTIMMTES Leben.

Von Jesus Urlauber
(Bauchi)

Teil 1

Theorie

1. WAS ist ein(e) KönICH?

Wie schon erwähnt, ist ein(e) KönICH ein Mensch, der selbstbestimmt und in Eigenverantwortung lebt. Es gibt auch andere Begriffe dafür, wie Freeman, Souverän, o.Ä.
Was bedeutet das genau? Darum soll es in diesem Abschnitt gehen.

Als allererstes hört ein(e) KönICH auf, Andere für irgendwas im eigenen Leben verantwortlich zu machen. KönICH hat begriffen, dass niemand anders für das eigene Befinden, die eigene Situation, die eigene Denkweise verantwortlich sein kann als er/sie/es selbst.

Wir sind alle gleich, bei allen nur wahrnehmbaren Unterschieden, und vor allem alle gleich viel WERT. Ein(e) KönICH weiss um den eigenen Wert in der Gesellschaft und braucht darum nicht mehr zu buhlen. KönICHe streiten nicht, brauchen keine Gegner mehr, an denen sie sich messen müssten oder mit ihnen konkurrieren. Sie haben die Augenhöhe gefunden, auf der sie alles um sich herum wahrnehmen. Streit ist für sie also genau so unsinnig, wie anderen gefallen zu müssen. Ein(e) KönICH hat gelernt, sich SELBST zu gefallen und gerecht zu werden, und das macht FREI.

Ein(e) KönICH ist vor allem eines NICHT mehr:
Ein OPFER äußerer Umstände.

GEHORSAM ist etwas, das KönICH weder fordert noch leistet. KönICH gehorcht/gehört SICH SELBST. Und niemand anderem.
KönICH vertraut in vollem Umfang auf die eigene Wahrnehmung, Urteilskraft und Intuition (Bauchgefühl). Und gewährt das Selbe auch Jedem um sich herum.

Für das eigene Leid, wie auch Glück, sind wir alle immer selbst verantwortlich. Man kann andere dafür verantwortlich machen und das damit begründen, dass sie etwas getan oder nicht getan haben, doch geholfen hat das bisher niemandem wirklich.
Schuld auf Andere abzuwälzen ändert nicht das Geringste an der Situation, in der man sich befindet.

**Folglich hat KönICH damit aufgehört,
das allseits so beliebte SCHULDSPIEL mitzuspielen.**
Weil es nicht SEINS/IHRES ist!

KönICH identifiziert sich auch mit keiner Seite oder Gegenseite mehr. KönICH ist weder rechts noch links, weder gut noch böse, KönICH ist ALLES. KönICH ist auf der EIGENEN Seite und findet sich in allem wieder und kann jedem Anderen Gehör schenken, ohne sich angegriffen zu fühlen.
KönICH ist nicht angewiesen auf die Anerkennung irgendeines anderen Menschen oder der Gesellschaft im Ganzen, sondern lebt nach EIGENEN Regeln. Und er wird nur SICH SELBST gerecht.

KönICH hat begonnen, die eigenen Gedanken und Gefühle zu beobachten. Wie sie in Zusammenhang miteinander stehen und was sie bewirken. Insgesamt ist KönICH im Wesentlichen mit sich SELBST beschäftigt, da er/sie/es in Anderen sich SELBST gespiegelt sieht. KönICH WEISS, dass jeder in allem und allen immer nur die EIGENE INTERPRETATION sehen kann, also SICH SELBST. Zu glauben man wisse etwas über jemand anderen ist reine Illusion. Man kann nur sehen was man KENNT, alles andere muss man erst einmal kennen LERNEN.

Deswegen ist KönICH offen für alles was ihm/ihr begegnet. Und kann sich von dem was nicht gefällt einfach abwenden, statt sich dem auszusetzen. Vor etwas wegzulaufen ist genauso anstrengend wie unnötig.

KönICH ist in höchstem Maß in allgemeinem Interesse egoistisch, weil Altruismus ohne Egoismus genauso schwach ist, wie Egoismus ohne Altruismus. Ist beides nicht im Gleichgewicht, ist KönICH es auch nicht.

KönICH hat keinerlei Erwartungen mehr. Erwartungen sind die Grundlage für Enttäuschungen, die oft die Grundlage für Schuldspiele sind, die IMMER Grundlage für schlechte Gefühle sind, die dann zu noch mehr Schuldzuweisungen führen. Oder noch Dümmerem.

2. Transformation

Wie wird man vom fremd-regierten „Normalmenschen" zum KönICH? Der Weg ist wahrlich kein kurzer und er ist holprig. Aber je länger man ihn geht, desto mehr Spaß macht es, ihn zu gehen.
Ich kann hier aus eigener Erfahrung sprechen und zeige gern auf, wie MEIN Weg bis hier aussah, einer von vielen sehr unterschiedlichen.

Das wohl erste, was sich in meinem Leben vor rund 12 Jahren änderte war, dass mir egal wurde, was andere von mir denken. Es hat allerdings bei mir auch fast 12 Jahre gebraucht, um zu verstehen, dass mit „andere" nicht nur Menschen gemeint sind, die ich eh nicht kenne, sondern dass es mir vor allem egal sein können MUSS, was die von mir denken, die in meiner unmittelbaren Umgebung leben, meine Freunde, Familie, geliebten Menschen. Nicht unbedingt einfach.

Das Schicksal spielte mir ein wenig in die Karten, indem es mir half, für die meisten Menschen in meinem Leben einfach nicht mehr „glaubwürdig" zu sein.
Mit kurz vor 30 war ich am Ende, hatte schwere Depressionen und ein saftiges Burnout und ließ mich in ein psychiatrisches Krankenhaus einweisen. Das war wahrscheinlich der erste wirklich BEWUSSTE Schritt in eine neue Richtung – die Erkenntnis, und das EINGESTÄNDNIS, dass ich allein nicht weiterkam und HILFE brauchte.

Es dauerte nicht lange, bis sich mir erschloss, WARUM ich dort gelandet war.

Mein Leben lang hatte ich versucht, anderen gerecht zu werden und ein Leben nach von anderen vorgegebenen Maßstäben zu leben. Da waren meine Eltern, die gewisse Erwartungshaltungen an ihren Sohn hatten, Kindergärtnerinnen, Lehrer, später Chefs, meine Frauen, Freunde, und nicht zuletzt die Gesellschaft.

Ich wollte unbedingt ein „guter Mensch" sein, hatte das Herz am rechten Fleck, aber versagte, wo es nur möglich war. Dass man es nie allen recht machen kann wusste ich aus der Theorie, aber verstanden was das wirklich bedeutet hatte ich bis dahin nicht.

Dann wurde mir aber klar, dass ich machen konnte was ich wollte, und es IMMER jemanden gab, der ein Problem damit hatte. Ein weiteres Problem bestand darin, dass ich nie wirklich mal getan hatte, was ich wollte, sondern immer nur Dinge, die andere von mir wollten. Noch schlimmer: Dinge, von denen ich DACHTE dass andere sie von mir wollten. Dass ich davon auch immer nur meine Interpretationen kannte, war mir damals schlichtweg noch nicht bewusst.

Mir wurde klar, warum ich mich so leer, so tot, so hilflos und verlassen fühlte: Weil ich mich NIE um MICH gekümmert, und meine eigenen Interessen aus reiner Gefallsucht immer hintenangestellt hatte.

Ich war ein Opfer der Illusion, dass niemand mich liebt, wenn ich Liebe nicht verdiene. Und ich verdiente sie nicht, ich verlor sie immer nur. So wie meine

Glaubwürdigkeit. Wofür ich im Nachhinein unendlich DANKBAR bin.

**„Ist der Ruf erst ruiniert,
lebt's sich völlig ungeniert!"**

Dummer Spruch. Irgendwie mag ich ihn bis heute nicht. Weil er sich so nach einer Floskel anhört. Und dennoch zitiere ich ihn gerade in fetten Buchstaben an dieser Stelle. Weil er mit ein wenig Beleuchtung alles andere als eine Floskel ist.

Mein Ruf **war** ruiniert. Ich hatte damals eins von 3 Tattoo-Studios in meiner Heimatstadt, und nachdem ich aus der „Klapse" raus war, hatte ich den Eindruck, die ganze Stadt wisse Bescheid.
Jedenfalls wussten es mehr Leute als mir Anfangs lieb war. Doch ich begann, dazu zu stehen, und mir egal sein zu lassen, was die Leute von mir dachten. Mir blieb auch nichts Anderes übrig. Es war nicht zu ändern, und leugnen brachte genau so wenig, wie es zu beschönigen.
Alle waren enttäuscht von mir, und am meisten ich selbst. Beste Voraussetzungen, sich entweder umzubringen oder völlig neu zu definieren. Ich zog zweites vor.

Und das erste Mal in meinem Leben fing ich an, MIR gerecht zu werden. Ich erkannte, dass der RUF vor allem das Bild ANDERER von mir war. Und ich gar kein anderes Bild von mir hatte als das, was ich von den anderen gespiegelt bekam. Dass also das Bild was ich von mir hatte dem entsprach, was andere mir über mich sagten. Und das war zu der Zeit meist nicht sehr schmeichelhaft. Ich war ein überheblicher Besserwisser, der irgendwelche Sachen vom Hörensagen kannte und Argumentationen oft mit selbsterfundenen, aus dem Ärmel geschüttelten Falschwahrheiten untermauerte. Mein Leben war ein einziges Lügengeflecht, und ich schämte mich für mich selbst.

Um wenigstens wieder ein wenig vor mir selbst stehen und in den Spiegel gucken zu können, startete ich meinen „Gang nach Kanossa", zog von Freund zu Freund und meinen Exfrauen, und beichtete meine Lügen. Erstaunlicherweise war keiner überrascht über die Lügen und ich erkannte, dass ich selbst wohl der Einzige war, der sie mir geglaubt hatte. Aber ich erfuhr Erleichterung und Vergebung, meine Freunde waren erfreut darüber, dass ich endlich einen anderen Kurs einschlug. Anfangs zumindest.

Es dauerte nicht lange, bis ich anfing, tiefer zu denken. Ich begann, Gedankengänge über die üblichen Grenzen von „das kann man doch nich denken/sagen/machen" hinaus zu denken. In meinem Kopf ließ ich alles zu, was an Gedanken kam, selbst die für mich perversesten, und fand heraus, dass das alles dazu gehörte, und ich

am Ende eines Gedankengangs, wenn der Kreis sich schließt, mich immer wieder mit Lösungen wiederfand. Ich sah, wie begrenzt meine Denkweise war, wie eingefahren mitunter meine Sichtweisen.
Als ich anfing über meinen üblichen Horizont hinaus zu denken, und darüber auch in meinem Umfeld zu reden, machte ich mich dadurch nicht beliebter. Tatsächlich ist mir von all meinen Freunden aus dieser Zeit kein einziger mehr geblieben. Nach und nach wandten sich alle von mir ab.
Teurer Preis für ein neues Leben.

Doch durch mein Umdenken lernte ich neue Menschen kennen, die Zugang zu meinen neuen Gedanken hatten, und sie nachvollziehen konnten. Ich fing an, meine Gedanken in Videos und Forenartikeln festzuhalten und sie im Internet mit der Welt zu teilen.
Das half mir unbeschreiblich dabei, zu mir selbst zu stehen. Vor der ganzen Welt!
Und das ließ nach und nach mein Selbstwertgefühl zu dem heranwachsen, was ich heute in mir trage.
Auch im Internet gab es IMMER welche, die sich in meinen Gedanken wiederfanden (und dann wieder nicht) und welche, die offensichtlich nur darauf aus sind, sich dadurch besser zu fühlen, dass sie mich versuchen herunter zu machen.
Gute Übung!

Dadurch, dass ich meine Gedanken festhielt und immer wieder selbst auch Zugriff darauf hatte, konnte ich nach und nach eine Entwicklung feststellen. Ich war auf jeden Fall kein hoffnungsloser Fall, und als ich begann mich selbst so zu sehen, konnte ich andere auch nicht mehr anders wahrnehmen. Ich gewann ein tiefes Vertrauen in die Menschheit, und die Tatsache, dass JEDER Mensch sich ändern kann, wenn für ihn die Zeit gekommen ist.

Ich erkannte, dass nicht nur ich mich völlig selbst vergessen hatte, sondern dass das der allgemeine Zustand in dieser Gesellschaft ist. Und ich sah klar und deutlich die Gründe:

**Wenn man lebt wie man soll,
kann man nicht leben wie man will!**

Wie soll man in einer Welt, in der alles von anderen vorgeschrieben ist, einfach leben wie man will? Was Spaß macht ist entweder verboten oder kostet teures Geld, die Erwartungshaltungen von allen an alle sind unüberschaubar, und der Leistungsdruck allgegenwärtig.

Hier kommt der ruinierte Ruf ins Spiel, und hier wurde er zu meinem höchsten As im Ärmel. Meine Trumpfkarte. UNSERE Trumpfkarte.

Sind wir nämlich ausschließlich uns SELBST verpflichtet, sieht die Welt schon um einiges anders aus. Dann haben wir völlig andere Möglichkeiten, nämlich nicht

mehr nur die, die die Gesellschaft oder irgendwelche Fremdautoritäten uns geben, sondern die, die WIR SELBST uns geben. Und ich kann aus eigener Erfahrung sagen, dass das VÖLLIG andere sind.
Wesentlich umfangreichere Möglichkeiten, schönere, lebenswertere und vor allem eigenverantwortliche. Das ist ein IMMENSER Unterschied. Man fühlt sich auf einmal „erwachsener", weil weniger von allen Seiten bevormundet und/oder „bemuttert".
Und das gibt Kraft, steigert das Selbstwertgefühl und hilft dabei, tatsächlich ein anderes Leben zu leben.

Die Gefallsucht verschwand. Ich brauchte nur noch mein Augenmerk auf die gerichtet zu halten, die gerade mit mir zurechtkommen. Mit dem Bewusstsein, dass diese Menschen kommen und gehen, manche mich lieben, andere mich hassen, und meistens mal so mal so.

Wichtig ist, dass ich so lebe,
dass ICH mit MIR im Reinen bin,
ICH mich lieben kann.
Denn DIESER EINE MENSCH
wird IMMER bei mir sein:

ICH

So wurden nach und nach alle fremden Autoritäten, die ich bis dahin anerkannt hatte, und die NICHT ICH waren, immer unwichtiger für mich. Ihre Maßstäbe, ihre Sichtweisen, ihre Gesetze und Bedingungen wurden für mich immer weniger relevant, weil ich MEINE gefunden hatte. Die ich heute nach Belieben ändern kann, und man das meinetwegen finden kann, wie man will, damit ich mit mir selbst im Frieden leben kann. Bestimmte Sichtweisen sind nicht IMMER dienlich, also bin ich in der Lage, sie situationsbedingt zu ändern, damit ich selbst nicht an irgend etwas anecke. Nicht, dass ich ein Problem damit hätte, anzuecken, aber wenn es sich vermeiden lässt, warum sollte ich dann? Ich habe ja schließlich aufgehört irgendwas zu machen, bloß weil alle es tun ;)

Ganz ehrlich:
Ich bereue NICHTS, was ich in den letzten 12 Jahren gemacht habe. Jeden Abend in diesen Jahren bin ich mit dem Gefühl schlafen gegangen, HEUTE wieder irgend etwas dazu gewonnen zu haben. Ich habe Dinge getan, auf die ich nicht unbedingt stolz bin, doch aus denen habe ich noch am meisten gelernt.

Ich lebe nach einem einzigen Gesetz, eher nach einer LOGIK, die sich in all den Jahren für mich sehr bewährt hat:

Mach das, was du willst so,
dass niemand drunter leiden muss,
dann beklagt sich niemand und
Du kannst tun was du WILLST!

Das erfordert auch ein wenig praktische Übung, geht aber auch immer besser. Irgendwann hat man es raus.
Wichtig dabei: Angeknackstes Ego ist KEIN SCHADEN!
Heute kann ich mich ganz anders äußern, als ich mir das vor 12 Jahren nur im Ansatz hätte vorstellen können:

Es gibt übrigens Gründe dafür,
warum ich mich nicht scheue,
mich bei wem auch immer unbeliebt zu machen.

Ich habe es nicht nötig BEliebt zu sein.
Ich bin GEliebt. Und WEISS das.
Und kann deswegen genau SO sein,
wie ich gerade sein WILL.

Weil es Menschen gibt, die mir die Welt bedeuten, die mich genau DAFÜR lieben:
dass ich bin, wie ich gerade sein will.
Die auf diese Weise einen
EHRLICHEN Bauchi um sich haben
statt jemanden, der versucht, ihnen gerecht zu werden
und sich dabei völlig verbiegt.

Das war natürlich nicht immer so.
Das musste ich erst einmal lernen.
Wie oft hab ich mich verbogen,
vorgegeben jemand anderes zu sein,
der ich auch gern sein WOLLTE,
aber nun mal nicht sein KONNTE.

Wahre Integrität ist was Feines.
Ich habe gelernt, MIR zu gefallen.
Und mir kann schnuppe sein,

wem das gefällt oder nicht,
oder wem ich so gefalle oder nicht.
Es sind immer genug Menschen da,
denen es gefällt.
Und mit DENEN verbringe ich meine Zeit.

Gut, dass ich das inzwischen kann...
so sein wie ich sein WILL und KANN
und dann noch meine Zeit mit denen verbringen,
mit denen ich sie GERN verbringe.

Es gibt in meinem aktiven Umfeld
nicht EINEN, mit dem ich es nötig hätte,
mich zu schlagen oder zu streiten.
Taucht einer auf, kann ICH gehen.

Das befähigt mich,
zu denken, sagen, machen
was ICH IN DIESEM MOMENT
denken, sagen, machen WILL.
Früher WOLLTE ich gefallen,
und konnte NICHT denken, sagen, machen
was ich wollte, weil ich ja tun MUSSTE,
was gefiel.

Da Schönheit im Auge des Betrachters liegt,
ist es unmöglich ALLEN zu gefallen.
Mein größtes Talent ist inzwischen,
MIR SELBST zu gefallen.
Indem ich einfach ICH bin.
Jeden Moment aufs Neue.

(Facebook-Status vom 8. September 2016)

Anmerkung:
Je mehr ich vom gehorsam funktionierenden Etwas zu einem selbstbestimmten, in Eigenverantwortung lebenden Menschen wurde, und je mehr meine Denkweise sich änderte, desto mehr spürte ich auch immer wieder körperliche Veränderungen. Wenn man von etwas Altem ablässt, schafft das Raum für Neues. Mein Körper hat sich auf diese Weise immer wieder auch angepasst, ist robuster, stärker und ausdauernder geworden. Das ging jedoch einher mit „Krank-Phasen", die zwar mitunter sehr unangenehm, aber dennoch sehr willkommen waren. Und immer weniger lang anhielten. Ich merkte, dass immer, wenn ich geistig einen Quantensprung geschafft hatte, und ich dann wieder zur Ruhe kam, mein Körper „nachzog".
Lass Dich also von so etwas nicht beunruhigen, es gehört einfach dazu.
Dieser Wandel ist wörtlich wie ein Geburtsprozess, und ein solcher ist immer mit ein wenig Unannehmlichkeiten verbunden. Vor allem, wenn man in einer Welt groß geworden ist, in der es Brauch ist, sich gegen alles Neue und Unbekannte erstmal zu wehren.

„Dann wurde mir aber klar, dass ich machen konnte was ich wollte, und es IMMER jemanden gab, der ein Problem damit hatte."
Also fing ich an, WIRKLICH mal zu tun,
was ich WOLLTE!

**Da außer mir NIEMAND
MEIN VERHALTEN steuern kann,
bleibt keiner außer mir,
der für mein Verhalten verantwortlich sein kann.
Und für NICHTS ANDERES bin ich verantwortlich!**

Was genau ist „mein Verhalten"?
Es erstreckt sich von dem was ich DENKE über das, was ich SAGE hin zu dem, was ich MACHE.
Zarathustra, der alte Perser, wusste es schon/noch, und hat es in seinem Siegel festgehalten. Drei Worte stehen darin:

GEDANKE – WORT – TAT

Diese Drei sind das EINZIGE, das wir in irgendeiner Form beeinflussen oder kontrollieren können.
ALLES andere obliegt „äußeren Umständen", und liegt damit nicht in unserer Macht. Andererseits sind das die einzigen drei Dinge, die das Außen NICHT kontrollieren kann. Natürlich wird alles dafür getan, dass wir tun was wir SOLLEN, aber schau genau hin: Scheint nicht so ganz zu funktionieren, oder? Weil es eben nicht funktioniert. Weil eben doch WIR diejenigen sind, jeder einzelne für sich, die bestimmen, was wir denken, sagen, tun - sprich uns verhalten. Wir. Und niemand anderes.

Der alte Perser hatte noch ein Interesse daran, uns das wissen zu lassen und hat es vermittelt. Andere, die es gut mit uns meinten, nicht minder.
Die, die uns beherrschen wollen, würden aber gerade am liebsten kotzen, weil sie nicht das geringste Interesse daran haben, dass uns das klar ist.

Denn wem das klar ist, der lässt sich nicht mehr von Fremden beherrschen, tut immer halbherziger was er soll und mit wachsender Begeisterung, was er WILL.

Und wenn dann auch noch verstanden ist, dass man machen kann was man will, solange das nicht auf Kosten anderer geht (Erinnerung: angeknackstes Ego ist KEIN SCHADEN!), wird Gehorsam immer weniger attraktiv.

Ein(e) KönICH also hat diese Dinge verstanden und angefangen umzusetzen. Ist mehr bei SICH und den EIGENEN Möglichkeiten als bei anderen und deren Unzulänglichkeiten. Weil es dazu gar keinen Grund mehr gibt.

Warum mit Unzulänglichkeiten anderer und daraus entstehenden Missständen beschäftigen, wenn man sich BEWUSST mit den eigenen Möglichkeiten beschäftigen kann?

LEBE DEIN LEBEN!

Liste von allgemein anerkannten Fremdautoritäten,
die **ALLE NICHT KönICH** sind:
Politiker
Polizei
Stars
Chefs
Lehrer
Meister
Gurus
Kinder
Eltern
Partner
Gesetze
Freunde
Werbung
Wissenschaftler
Religiöse Schriften
Mainstream-Medien
Denkmuster/Dogmen
Gruppengebräuche
Traditionen
Ärzte
...
Platz für Deine eigenen Notizen:

Keinem von denen gehorcht ein(e) KönICH!

Na? Auch Dein Leben lang den Falschen hinterhergelaufen und Dich grün und blau geärgert? Bekommst Du langsam einen Eindruck warum? Halt Dich fest, es kommt noch heftiger, denn

KönICH IST KönICH,
und NICHTS Anderes!

Was glaubte ich früher nicht alles zu sein?! Sohn, Schüler, Arbeiter, Künstler, Ehemann, Freund, Feind, Opfer, Täter, Schuldiger, Unschuldiger, Gläubiger, Christ, Moslem, Buddhist, etc. Und dann die ganzen Adjektive: schön, hässlich, dick, dünn, gut, böse, verschuldet, erfolgreich, minderwertig, ach so toll, faul, fleißig, unübertrefflich, am Boden zerstört, etc.pp.

Mit ALLEM davon habe ich mich IDENTIFIZIERT, dachte ich SEI das alles. Und habe herausgefunden, dass ich nur die entsprechende Sichtweise ändern musste, um mich mit ggf. dem exakten Gegenteil zu identifizieren. Je mehr ich mich mit irgendwas identifizierte, desto leichter war ich emotional kompromittierbar, angreifbar und aus der Ruhe zu bringen.

Heute weiß ich, dass ich NICHTS davon bin, gleichzeitig aber alles davon sein KANN. Im jeweiligen Moment kann ich mir das für mich passende aussuchen.
Warum?

Weil ich KönICH bin!

So wurde ich nach und nach von einer PERSON zu einem MENSCHEN. Früher war mir der Unterschied nicht einmal bewusst. Heute kenne ich den Unterschied. Am leichtesten beschreiben kann ich ihn so:

Wenn JEMAND, den Du nicht kennst auf Dich zukommt, siehst Du einen MENSCHEN. Du kannst erst einmal nichts an ihm oder ihr identifizieren. Du siehst lediglich einen Artgenossen. Du hast KEINE AHNUNG von der PERSON, die ihm angedichtet wird. Du kennst sie oder ihn nicht. Zur Definierung einer Person brauchen wir bestimmte weitere Angaben: Männlein, Weiblein oder beides, einen Namen, ein ungefähres Alter, einen Beruf, usw... Je mehr Informationen wir über einen Menschen haben, desto weniger wird er für uns einfach nur ein Artgenosse, sondern eben eine Person.
Diese PERSON ist einem Menschen aber eben nur angedichtet. Und das funktioniert wieder über Identifikation. Und je mehr wir einen Menschen über seine entsprechenden Attribute identifizieren, desto mehr wird er zur Person. Behaftet mit all den entsprechenden **Erwartungshaltungen**.

Für viele bin ich heute eine schwere Enttäuschung, weil ich ihren Erwartungshaltungen nicht gerecht werde oder geworden bin. Tröstlicherweise bin ich genau deswegen für andere absolut liebenswert. Das sind die, die KEINE Erwartungshaltungen an mich haben, sondern die sich freuen, wenn ich einfach ICH SELBST bin. OHNE Identifikation. Und unter denen fühle ich mich am wohlsten. Und sie haben mich gern um sich, weil ich keine Erwartungen an sie stelle, sondern ihnen die Möglichkeit gebe, sich wie ich jeden Tag aufs Neue NEU zu definieren und mit dem zu identifizieren was sie gerade am meisten interessiert. KönICHe unter sich.

Ein(e) KönICH braucht nicht Recht zu behalten. Er/sie/es hat erkannt, dass JEDER Recht hat, und kann sich in ALLEM wiederfinden.

Deswegen ist unter KönICHen Streit unmöglich:
Sie erkennen sich ebenseitig als ihre eigenen Autoritäten an. Niemand muss hier jemanden von irgendetwas überzeugen, niemand wird ein Spinner genannt. KönICHe sehen einander als Bereicherung im eigenen Leben, selbst wenn sie sich nicht grün sind.
Ein(e) KönICH hat es nicht nötig zu streiten, weil er/sie/es sich mit keiner Seite ausreichend identifizieren, um sie in einem Maß zu vertreten, dass man SELBST drunter leidet.

Für wie viele Behauptungen wäre ich früher lieber in den Tod gegangen, statt mir einzugestehen, dass ich im Unrecht bin? Die allesamt nichts mit mir zu tun hatten. Bis auf dass ich mir viele davon selbst ausgedacht habe. Mich dann damit identifiziert habe (blöder geht's echt nicht) und mich danach mitunter über Jahre hinweg in Streitereien wiedergefunden habe. Wegen Rechthaberei! Wegen Identifikation! Wie töricht.

Lösen wir uns aus unseren Identifikationen, haben wir Zugang zu einer völlig anderen Art von Denkweise, nämlich zu einer holistischen. Die ist deswegen anders als die altbekannte dualistische, weil wir in ihr BEIDE Seiten einer Medaille beobachten können, während wir dualistisch denkend immer nur EINE betrachten und die andere verteufeln. Holistisch bedeutet ganzheitlich, und wenn wir holistisch denken, fehlt uns die Identifikation mit einer der beiden Seiten, die Grundvoraussetzung für Streit oder emotionale Kompromittierung sind. Es war für mich also eine bahnbrechende Erkenntnis zu verstehen, dass wenn ich streite, ICH einen EXTREM EINGESCHRÄNKTEN Horizont habe. Das hat mir ehrlich gesagt die Lust am Streiten dann so völlig genommen.

Und so kann ich inzwischen keine Gegner mehr wahrnehmen. Weil ich mich mit nichts mehr ausreichend identifiziere, und als KönICH eben umgeben bin von MEINESGLEICHEN, und das beziehe ich nicht nur auf Menschen, sondern auf ALLES. Jede Ameise, jeden Baum, jede Situation. ALLES in meiner Wahrnehmung hat eine Daseins-Berechtigung. Was nicht bedeutet, dass ich mich ALLEM darin mit gleicher Aufmerksamkeit widmen muss.. Was wiederum bedeutet, dass ich mir AUSSUCHEN kann, AUF WAS darin ich reagiere und WIE. Und ab dem Moment fängt das Leben an richtig Spaß zu machen!

3. Umgang mit Fremdautoritäten

Nun, dann sind wir also jetzt KönICHe von uns selbst und niemand Anderem. Wir haben verstanden, worum es dabei geht und identifizieren uns ganz bewusst als Solche. Und wir sind somit eine bitterböse Enttäuschung für die, die aber lieber weiter und wie gewohnt Macht über uns ausüben möchten. Denen tun wir mit unserem inneren Wandel natürlich überhaupt keinen Gefallen. Sie werden tun was sie können, um uns davon zu überzeugen, dass sowas nicht möglich ist. Und versagen.

Unterscheiden wir erst einmal zwischen privaten, beruflichen, politischen und subtilen Fremdautoritäten.

Zu den Privaten gehören Menschen, die uns im privaten Raum Stress machen. Da sind Eltern, Kinder, Partner, Freunde oder Vereinskameraden, die das mit dem „alle sind gleichwertig" nicht so richtig verstanden haben, und deren Opfer wir mitunter waren, weil sie es geschafft haben, uns herum zu kommandieren.

Berufliche sind solche wie Lehrer, Chefs, Kunden, Schüler, Gurus oder Wissenschaftler, Priester, die Mainstream-Medien, Vermieter.

Zu den Staatlichen zählen Polizei, Staatsanwälte, Richter, Gerichtsvollzieher, usw..

Die subtilen sind Gesetze und Werbung, Religiöse Dogmen und sehr wohl auch Bücher.

Ich liste sie hier aus bestimmtem Grund auf diese Weise auf, weil diese Sortierung es leichter macht, auf das könICHliche Verhalten ihnen gegenüber einzugehen.

Alle haben das selbe Ziel, nämlich DEINE Autorität zu sein, dies aber aus sehr unterschiedlichen Beweggründen.

Fangen wir mit den für uns Leichtesten an, den subtilen Fremdautoritäten:
Sie sind sehr effektiv, wenn es darum geht, Dich klein und dumm zu halten, bzw. Dir das Gefühl zu geben, es zu sein. Aber sie haben einen Vorteil: Sie haben keine Eigeninteressen, sondern sind einfach Werkzeuge irgendwelcher Möchtegern-Mächtigen. Deswegen sind sie für einen KönICH am leichtesten zu bewältigen:
Einfach ausblenden! All diesen kann man einfach den Rücken kehren, ohne dass sie selbst irgendetwas dagegen unternehmen könnten. Allein das Wissen darum, dass all das nur existiert, um uns zu manipulieren macht es sehr leicht.

Da ist es bei den beruflichen schon ein wenig anders:
Sie haben zwar in der Regel nicht die geringste Macht über Dich, arbeiten aber mit allen nur erdenklichen Tricks, Dich von ihnen Abhängig zu machen. Und das eben, weil sie Eigeninteressen verfolgen. Ihr Leben

hängt davon ab, dass Du von ihnen abhängig bist. Sie verdienen damit ihren Lebensunterhalt. Den meisten von ihnen wirst Du irgendwelche Verträge unterschrieben haben durch die Du in irgendeiner Weise an sie gebunden bist. Damit Du eben nicht einfach weggehen kannst, wenn Dinge anfangen, auf Deine Kosten zu laufen. Doch die meisten davon kann man in absehbarer Zeit kündigen, ohne dass sie effektiv etwas dagegen unternehmen können.

Die zweit-schwierigsten sind die politischen Fremdautoritäten. Das Problem bei denen ist, dass sie fest davon überzeugt sind, tatsächliche mehr wert zu sein als andere. Den meisten von ihnen hat man das auch erzählt, und nicht nur ihnen, sondern man erzählt es im Allgemeinen. So glauben die meisten Menschen, Polizisten oder Staatsanwälte hätten mehr zu sagen als andere. Ohne ihre Waffen könnten sie das allerdings nicht halten, weil es genau genommen komplett gelogen ist. Hätten Sie nicht das Recht, ungestraft anderen Menschen Gewalt anzutun, würden sie diese Gewalt kaum durchsetzen können. Die meisten Menschen beugen sich vor ihnen nicht aus Respekt, sondern aus Angst.
Wie eine Glaubensgemeinschaft vertreten sie eisern die Überzeugung, anderen ihren Willen aufdrücken zu dürfen. Und genau da haben wir eine NUTZBARE Möglichkeit, die kaum irgendwem bewusst ist, und zwar

Grundgesetz Artikel 4, Abs. 1 und 2

Ich gebe hier mal ein Beispiel aus meinen eigenen Erfahrungen im Umgang mit der Polizei. Die ich als KönICH übrigens allen Ernstes als Freund und Helfer zu sehen gelernt habe. Da ich als KönICH nicht Opfer äußerer Umstände bin, sondern gelernt habe, ALLES was geschieht FÜR MICH zu nutzen, konnten sie in den letzten Jahren versuchen gegen mich zu verwenden was sie wollten, es funktioniert nicht mehr. Das gilt übrigens im Allgemeinen für Jeden anderen auch. Egal was man mir versucht hat anzutun, ich stand jedes einzelne Mal recht kurze Zeit später mit einem Grinsen im Gesicht da und ab mich bedankt. Das dafür wesentliche ist, dass ich sie nicht mehr als Gegner sehe, sondern als meine Brüder.

So auch, wenn sie mich im Wohnmobil anhielten, in dem ich vier Jahre lebte. Und seit 2009 keinen Personalausweis mehr mit mir herumtrage, weil ich ihn im Rahmen meiner KÜNDIGUNG dieser Autoritäten vor laufenden Kameras zerschnitten habe. Ich werde also angehalten und Bruder Uno und Bruder Dos stehen an meinem Fenster.

Bruder Uno: „Führerschein und Fahrzeugschein bitte!"
Bauchi kramt beides aus seiner Tasche und gibt es durchs Fenster.
Die Brüder verschwinden in ihrem Fahrzeug um meine Daten zu checken und erscheinen kurz darauf wieder an meinem Fenster.
Bruder Uno: „Ihren Personalausweis, bitte!"
Bauchi: „So etwas besitze ich nicht."

Bruder Uno: „Sie müssen aber..."
Bauchi *unterbricht den Satz*: „Stop. Timeout. Nur zu Ihrer Information: wenn sie diesen Satz zu Ende sprechen, verstoßen sie gegen Grundgesetz Artikel 4 Absatz 1 und 2. Ich weiß, dass Sie gewohnt sind, das zu tun, weil niemand das weiß, aber ICH weiß es und reagiere da extrem empfindlich drauf. Und brauche dann ihre Personalien, damit ich sie anzeigen kann. Jetzt dürfen Sie gern weitersprechen."
Bruder Uno *schaut verdattert* **Bruder Dos** *an, der achselzuckend zurückschaut.*
Bauchi: „Unwissenheit schützt vor Strafe nicht, Jungs. Aber ich helfe Euch gern. Grundgesetz Artikel 4 Absatz 1 und 2 verbriefen mir nicht nur mein Recht auf freie Wahl meiner Meinung und Religion, sondern auch meiner ÜBERZEUGUNG, und darüber hinaus, dass ich sie AUSLEBEN darf. Schlagt's nach, ihr findet das schon. Wenn ihr mir also erzählt was ich MUSS, und dann noch von mir erwartet, dass ich Euch das GLAUBE, dann brecht ihr dieses Gesetz, und das muss ich mir überhaupt nicht gefallen lassen."
Bruder Dos: „Ja aber, was für eine Überzeugung haben sie denn?"
Bauchi: „Ich bin felsenfest davon überzeugt, dass alle Menschen gleichen Wert haben, wie man auch aus Eurem Grundgesetz Artikel 1 schließen kann, wenn ihr den kennt. Und ich bin fest davon überzeugt, dass niemand einem anderen seinen Willen aufnötigen darf oder ihn dazu bewegen etwas zu tun was er nicht will. Weil das GEWALT ist, und ich überzeugt bin, dass

Gewalt in unserer Welt nichts verloren hat. Auch wenn sie gewohnt sind, sie mit ihren Waffen durchzusetzen und mich da gerade gar nicht verstehen können. Es ist aber nicht meine Aufgabe, sie von etwas zu überzeugen, auch das können sie, wenn sie möchten einfach selbst tun. Meine Aufgabe ist, mich durch mein Leben zu bewegen, ohne eine GEFAHR für mich oder andere darzustellen. Weswegen ich auch nicht mit Waffen durch die Gegend laufe, erst recht nicht mit geladenen. Ich kann ihnen also keinen Personalausweis zeigen und sie können mir nicht sagen, ich MÜSSE aber einen haben, bloß weil SIE das nicht anders kennen. Kann ich sonst irgend etwas für sie tun?"

Meistens nicht.
Und wenn wohl, dann noch ein paar Fragen beantworten und dann durfte ich immer weiterfahren.

In einem Fall in Spanien wollte es einer wissen. Und hat mein Wohnmobil konfisziert und mich samt Freundin und Hund auf die Straße gesetzt. Womit er ein Gesetz gebrochen hat, nach dem man Leute nicht einfach auf die Straße setzen darf ohne richterlichen Beschluss.
Ich bekam seinen Namen, er seine Anzeige, und jetzt weiss er es: Lege dich NIE mit einem souveränen Menschen an, lege dich NIE mit einem KönICH an, weil:

Schach matt in drei Zügen.

Und das war 2014 auf Mallorca, ohne dass ich die Landessprache, die Gesetze dort kannte, ohne Papiere, ohne Anwalt.
Ich wusste damals nur eines:
Wenn Spanien sich eine Demokratie schimpft, dann MUSS es in seinen Gesetzen einen vergleichbaren Passus haben wie GG Art. 4 Abs 1 und 2. Weil ein Land, in dem die Bürger KEIN Recht auf freie Meinung, Religion und Überzeugung haben nun mal keine Demokratie sein kann.

103 Tage später hatte ich mein Auto wieder, der Polizist sitzt seitdem bis zur Pension am Schreibtisch, für das Gericht in Manacor artete der Fall laut Richterin in einem DESASTER aus.
Allein hätte ich das jedoch nicht geschafft.
Ich hatte Freunde und Zugriff auf ein Netzwerk voller KönICHe: Terra Nia (www.terrania.org).

**Wenn KönICHe zusammenhalten,
sind sie wesentlich stärker, als die gleiche Zahl an fremdautoritären PERSONEN.**

Zusammen haben wir denen gezeigt, dass man sich NIE mit einem KönICH allein anlegen kann. Weil die viele Freunde haben! Die via Telefon, Fax und Email einen enormen Druck aufbauen können ohne überhaupt vor Ort oder sonst irgendwie greifbar zu sein. Ohne irgendwen angreifen oder gar verletzen zu müssen. Und ohne eine Gefahr für irgendwen darzustellen.

Mit diesem Artikel 4 kann man nicht nur vor der Polizei argumentieren, sondern auch vor Staatsanwälten und Richtern. Leider aber nicht vor den Fremdautoritäten aus dem privaten Bereich.

Hier hilft nur eines:
Sich seine RUHE erbeten! Und gegebenenfalls SELBST dafür sorgen, dass dem nachgekommen wird.
Da gibt es eine ganze Reihe von Aussagen von „Lasst mich in Ruhe" bis hin zu „Fickt Euch alle", aber das allein reicht nicht. Man muss sich von ihnen ABWENDEN, wenn sie einen nicht in Ruhe lassen wollen und seine eigenen Wege gehen. Und DAS fällt sehr vielen von uns aus ganz unterschiedlichen Gründen sehr schwer.
Da kommen gleich Trennungsgedanken und meist geht das alles nicht sehr schön vom Tisch. Aber ich kann versichern: je weniger schön es ist, desto nötiger ist es! Und desto mehr lohnt es.

Und man kann es tun, ohne dabei böses Blut zu schüren, ohne die Anderen anzugreifen oder noch mit irgend etwas zu beschuldigen, man lässt sie IN LIEBE los und widmet sich SICH SELBST. Oft erleben wir so etwas am Ende jahrelanger Schmach und Pein, und dann gehen wir aus reinem Selbsterhaltungstrieb. Meist gebrochen, als Opfer der Situation. Und genau dazu muss man es gar nicht erst kommen lassen.

Ein KönICH geht aus EIGENVERANTWORTUNG!

4. KönICHe und die LIEBE

Ich erinnere mich nur zu gut an Beziehungen in meinem Leben, die ich NICHT als KönICH gelebt habe, sondern fern ab der Augenhöhe. Da ging es nicht darum den Anderen bedingungslos zu lieben für das was er IST, während er sich frei entfaltet.

Da ging es immer nur darum, dem Anderen in irgendeiner Weise gerecht zu werden, so zu sein, wie der andere es wollte. Sowie umgekehrt.
Und ich nehme mich da nicht raus, ich habe das mit meinen Frauen damals ganz selbstverständlich auch so gemacht. SO hatte ich es schließlich gelernt.

Ständig gab es Streit, weil der eine Partner dem Anderen vorwarf, dass es dem Einen schlecht ging, weil der Andere irgendwas dachte, sagte oder tat oder eben NICHT. Keiner kam auf den Gedanken, dass es einem schlecht ging, weil man SELBST schlechte Laune schob. Und dann einfach alles auf den Anderen projiziert hat. Besonders lebenswert fand das derweil keiner.

Die Luft war dick wie Benjamin Blümchen und triefte vor Erwartungshaltungen. Wie Tretminen lagen sie im Wohnzimmer, in der Küche, im Schlafzimmer. Bildlich gesprochen, aber DU weißt was ich meine. Ein Teufelskreis, aus dem es kein Entrinnen gab.

Ein weiteres Merkmal dieser Beziehungen war jeweils eine unübersehbare Abhängigkeit.

Abhängigkeiten sogar.
Materielle wie emotionale.

Das hatte alles nicht das Geringste mit einem eigenverantwortlichen, selbstbestimmten Leben zu tun. Das war eher das genaue Gegenteil.
Ich war ja aber auch noch kein KönICH, hatte noch nicht zu MIR gefunden, und suchte was ich so vermisste in Anderen. Aber ich arbeitete daran.
Und so kamen ein paar Beziehungen, in denen ich mir diese Dinge immer bewusster ansehen konnte.
In einer konnte ich in Echtzeit kommentieren, wie meine Freundin sich ein falsches Bild von mir aufbaute. Zum Einen erwartete sie von mir, dass ich ehrlich zu ihr bin, wollte aber zum Anderen von gewissen Dingen die mich beschäftigten einfach nichts hören.
Und ich konnte tun was ich wollte, um mit ihr das Leben zu GENIESSEN, sie zog es vor, miese Laune zu schieben und sich unnötigen, dummen Gedanken hinzugeben, die meist mich betrafen. Bzw. den, den SIE in mir sah und sehen wollte. Der ich aber nicht war, was ich ihr nicht vermitteln konnte, weil sie es ja nicht hören wollte.
Bei dieser Trennung tat es mir das erste Mal NICHT weh zu hören, dass ich eine bitterböse Enttäuschung bin. Das war einfach zu absehbar.

Aber es hat mir geholfen zu verstehen, was ICH in diesen Beziehungen falsch gemacht habe. Jedenfalls im Bezug auf das Ziel, mit meiner jeweiligen Partnerin das Leben zu genießen, und glücklich zu sein. Ich wollte ja glücklich mit ihr sein.

Genau DAS tat ich aber SELBST nicht!

Statt zu leben, ritt ich auf meinen Erwartungshaltungen herum oder versuchte, SIE von ihren abzubringen. Ich vergleiche es gern mit Tanzen: Wenn ich Tango tanzen will, ist ein Pogo-Mosher wahrscheinlich nicht der geeignete Tanzpartner. Ich hatte eine gewisse Interessenschnittmenge im Blick und blendete alles aus, was an NICHT gemeinsamen Interessen da war. Statt MEINEN Interessen nach zu gehen, SIE IHREN nachgehen zu lassen und die SCHNITTMNENGE gemeinsam zu genießen. So mach ich das heute und weiß warum. Darauf musste ich aber erst einmal kommen.
Heute erlebe ich deswegen etwas völlig Anderes.
Inzwischen habe ich mich selbst gefunden. Eine Auswirkung meines Trainings in „KönICH sein". Irgendwann war es einfach so, dass ich im Frieden mit mir selbst war, und auf eigenen Füßen stehen konnte. Und bis heute kann. Dadurch änderte sich etwas in mir:

**Ich hatte nicht mehr das Gefühl
eine Partnerin zu BRAUCHEN,
die MICH VERVOLLSTÄNDIGT.**

Ich BIN vollständig. Und so überhaupt das erste Mal in der Lage, einer Frau oder irgendwem als ICH entgegenzutreten. OHNE irgendetwas von ihr zu BRAUCHEN.

Ich kann heute TEILEN!
Nämlich MICH.

Ohne mich dabei selbst aufgeben zu müssen. Ohne irgendwem anderen gerecht werden zu müssen und mich dazu zu verbiegen, weil ich MIR gerecht werde – ohne mich zu verbiegen. Ich bin wie ich gerade bin und habe gelernt, zu mir zu stehen, EGAL WIE ich gerade bin. Und wenn das irgendwem nicht passt, dann ist das VÖLLIG in Ordnung mit mir. Das zeigt mir, mit wem es gerade Sinn macht, meine Zeit zu verbringen und mit wem nicht.

Keine Frau der Welt und auch sonst niemand könnte mir noch wichtig genug sein, MICH wieder aufzugeben. Weil NIEMAND etwas davon hätte.

Was für ein schönes Gefühl, einfach ICH zu sein,
in jedem Moment aufs Neue.
Was für ein schönes Gefühl, MICH zu lieben,
so wie ich bin.
Was für eine bahnbrechende Erkenntnis, dass es
Menschen gibt, die mich nicht nur trotzdem, sondern
gerade DESWEGEN auch lieben!

Ein TIEFES Gefühl von DANKBARKEIT!

Und damit kommen wir nun zu einem Thema, das in meinem letzten Buch „2020 – Die Neue Erde" definitiv die meisten Gemüter erregt hat: „Freie Liebe".

Nicht zuletzt deswegen ist es mir ein Anliegen, es an dieser Stelle noch einmal etwas näher zu betrachten. Anders als von Vielen verstanden hat das, wovon ich da schreibe nicht das Geringste mit exzessiver Herumhurerei oder hemmungslosen Orgien zu tun. Meistens jedenfalls. Der Begriff „Freie Liebe" ist in meinen Augen ein wenig ungünstig behaftet. Jeder hat irgendwie seine eigene Vorstellung davon, und es ist mitunter müßig, mit Leuten darüber zu reden, die von freier Liebe nicht viel halten. Müßig, weil sie meist ein völlig falsches Bild davon haben, sich aber leicht angegriffen fühlen, wenn man anders liebt als sie. Sprich: Nicht Monogam.

Viele haben sich durch das Wenige, was ich in 2020 schrieb angegriffen gefühlt oder Angst davor bekommen. Das lag nicht in meiner Absicht. Genau so wenig wie irgendwen von irgendetwas zu überzeugen.

Ich habe mir bei dem, was ich da geschrieben habe aber sehr wohl etwas gedacht. Ein Jahr weiter, mit so einigen Erkenntnissen aus 2020 und entsprechender praktischer Erfahrung, möchte ich hier deswegen nicht mehr weiter von freier Liebe sprechen, sondern von

Liebe
in
FREIHEIT

Ok.. ich weiß, das wird für den Einen oder Anderen jetzt wieder ein harter Brocken, aber bitte versuche es einfach mal:

Stell Dir vor, es existiere eine Welt, in der es KEINE VERBOTENE LIEBE gibt. Weder moralisch noch gesetzlich noch sonst irgendwie UNERLAUBTE Liebe. Und somit auch keine Perversionen. In dieser Welt ist es völlig NORMAL, dass GELIEBT wird, wo es nur möglich ist. In dieser Welt sehnt sich kein Mensch nach Liebe, keiner fühlt sich allein, keiner hat Angst davor, Liebe zu verlieren oder glaubt, sich anstrengen zu müssen, um welche zu bekommen. Niemand braucht irgendwen zu hintergehen oder belügen, weil niemand Angst vor Liebesentzug hat, sondern jeder sich geliebt FÜHLT.
Bitte lass gerade JEDEN Gedanken vom Tisch, der dabei mit irgendwelchem MISSBRAUCH zu tun hat. In dieser Welt ist Missbrauch etwas VÖLLIG Unnötiges, weil man gewohnt ist, das, was man tut mit HINGABE und LIEBE zu tun, und weiß, wie kontraproduktiv es dabei ist, jemandem Schaden zuzufügen.
Kannst Du Dir diese Welt vorstellen? Das ist die Welt der Liebe in Freiheit. Da halt, wo sie FREI ist.

Und JA! BITTE! Wenn du darin monogam leben MÖCHTEST und jemanden hast, der das mit Dir auch möchte, dann sei HERZLICH EINGELADEN und WILLKOMMEN, das zu tun! Du bist FREI. Du darfst

SELBST entscheiden WIE du liebst. Lass das nur bitte JEDEN anderen um Dich herum AUCH selbst tun.

Wenn man jemanden *hat*, der monogam mit einem leben und lieben möchte, dann ist das etwas WUNDERVOLLES!

Das Problem ist nur bei sehr vielen, dass sie diesen Jemand nicht haben. Und bis dahin kann es dann genau so frustrierend sein, monogam mit jemandem zu leben. Dazu kommt bei vielen, dass sie ihren Partnern nicht trauen, oder Single sind und auf den Nächsten warten, und sich dann mit dem oder der Nächstbesten in die nächste Beziehung stürzen, um da dieses große Loch in der Brust zu füllen.

Dann gibt es andere, die sind ihr Leben lang Single, aber nie allein. Wieder andere sind verheiratet, haben vier Kinder und sind trotzdem allein. Dann gibt es welche, die lieben wen, den sie nicht lieben dürfen, und sind mit jemandem zusammen, der dann nur zweite Wahl ist.

Ein(e) KönICH macht so etwas eben grundlegend anders. Für KöniCHe ist ALLES MÖGLICH. KöniCHe lassen sich nichts verbieten. Und erst Recht nicht, zu LIEBEN. Er/sie/es DEFINIERT sich nicht anders als FREI. Frei von Fremdautoritäten, aber vor allem frei von Erwartungshaltungen, Konkurrenzdenken, dem eigenen WILLEN, Angst, Vorurteilen, Bedenken, Hass. Und noch so einigem anderen nicht wirklich

weiterhelfendem Krempel. Vor allem aber frei von PRINZIPIEN. Und das macht KönICHe so *flexibel*.
Auch in der Liebe!
Als KönICH lebt und liebt man relativ schnell wieder im Moment. Die Ablenkungsshow, die unseren Fokus früher sehr effektiv aus dem Moment gerissen und entweder in die Vergangenheit oder in die Zukunft geschleudert hat, wirkt nicht mehr. Und die Angst, die sie schürt, schwindet allmählich.

KönICH ist nicht Raucher oder Nichtraucher. Mal wird geraucht, mal nicht, nichts davon ständig.
KönICH identifiziert sich eben nicht mehr mit solchen Dingen, sondern er macht sie zum Teil des EIGENEN SPIELS. Ziel des Tages ist, einen Tag zu erleben, den man nicht bereut, also folgt man der LUST, die man gerade auf etwas hat, und NICHT, Raucher oder Nichtraucher zu sein.
Je weniger wir uns also identifizieren, sondern einfach unsere Möglichkeiten nutzen, uns SO zu verhalten, wie WIR SELBST das gerade für sinnvoll befinden, desto freier sind wir.
Und desto mehr Zeit verbringen wir automatisch damit, zu GENIESSEN, ja, zu LIEBEN was wir tun. Folglich tun wir automatisch auch immer mehr Genießbares.

Für KönICHe ist ALLES in ihrer Wahrnehmung von GLEICHEM Wert (weil sie ja sich SELSBT in allem erkennen, und wissen, dass sie vorm Spiegel leben), auch Menschen, also auch Frauen und Männer.

Das bedeutet in keiner Weise, dass ich nicht manche Menschen sehr viel lieber um mich herum haben kann als andere, und tatsächlich sogar (wieder) „DIE EINE", deren Lachen mich mehr verzückt und deren Nähe intensiver ist als jede andere. Welche ich gerade aber auch nur deswegen so bedingungslos lieben kann wie sie mich, eben WEIL wir uns ebenseitig FREI lassen.
Wir WOLLEN gar keine Versprechen voneinander, oder dass der Eine sich des Anderen wegen einschränkt oder ändert oder festlegt. Und trotzdem könnte es durchaus passieren, dass wir ein paar Jahre oder Jahrzehnte keinen Sex mit anderen haben, die wir lieben. Und dann würden wir tatsächlich monogam lieben; aber eben in FREIHEIT. In derselben Freiheit könnten wir uns auch den exzessiven Orgien hingeben. Wer weiß es schon? Wir bewegen uns in der Mitte. Alles ist möglich. Wir tun, was WIR im jeweiligen Moment machen möchten und das so, dass dadurch kein Schaden entsteht. Und als KönICHe, völlig unberührt davon, was der Rest der Welt gerade macht.

Wir leben in dieser Welt, von der ich Dich bat,
Dir vorzustellen, dass sie existiert.
Und wenn Du nicht auch schon darin lebst,
dann fühl Dich von Herzen eingeladen,
sie ist nur ein Gefühl von der anderen entfernt:

**Hast Du Angst, Feinde, Gegner, weißt wer der Böse und die Schuldigen sind und bist eher frustriert, wenn Du die Welt siehst, dann bist du in der Einen.
LIEBST Du, bist Du in der Anderen!
Alles, was Dir Spaß macht, was Du genießen kannst, was oder wen du LIEBEN kannst,
ist ein Tor in diese Welt.**

Ich nenne sie übrigens liebevoll „NENNI"

Dann geht mir dazu noch etwas Anderes durch den Kopf. Ich habe in den letzten Jahren immer wieder von monogam lebenden Menschen gesagt bekommen, ich hätte ja nur Angst, mich zu binden. Auf diese Weise würde ich nie die Tiefe einer Verbindung zwischen zwei Menschen kennen lernen können, die entsteht, wenn man gemeinsam „durch Feuer und Eis gegangen" ist.

Da KönICHe holistisch denken, und Ergänzungen sehen, wo man dualistisch denkend Widersprüche sieht, liegt es mir fern, dem zu widersprechen und ich lege gern ein paar ergänzende Gedanken mit auf den Tisch:

Woher kommt der Trugschluss, dass man tiefgreifende zwischenmenschliche Erfahrungen nur mit EINEM Menschen erlangen kann? Bei den meisten Menschen, die vorgeben, eine solch tiefe Bindung mit jemandem zu teilen, erkennt man darin kaum mehr als eine tiefe Abhängigkeit. Definitiv nicht bei allen, doch es ist schon auffallend. Und ich frage mich, was für eine Kindheit sie gehabt haben müssen. Wieso sie keine tiefen Bindungen mit ihren Eltern, Großeltern, Freunden haben. Oder sehen sie diese tiefen Verbindungen gar nicht? Vielleicht weil sie GLAUBEN, sie erst erlangen zu müssen, und auf diese Weise nicht sehen KÖNNEN, welche Tiefe zwischenmenschliche Beziehungen haben können, OHNE dabei auf „Beziehungen" angewiesen zu sein?

Ich kann es wieder nur aus meiner ur-eigensten momentanen Perspektive beschreiben, also bedenkt bitte, dass die folgenden Worte auch nur (m)EINE Sichtweise darstellen. Ich schreibe jedoch auch wirklich gern in der ICH-Form, gerade, wenn es um solcherlei Dinge geht, weil man beim Lesen leichter so tun kann als habe man es SELBST gesagt, wenn man etwas mit diesen Worten anfangen kann:

Als KönICH von mir selbst und niemand Anderem WEISS ich, dass ich vor einem Spiegel lebe, in dem ich MICH in allen nur erdenklichen Facetten erleben kann. Alles und Jeder, der auf meinem „Bildschirm" auftaucht, kann von mir nur als das wahrgenommen werden, als was oder wen ICH das Auftauchende INTERPRETIEREN kann. Mit ALLEM darin bin ich bedingungslos verbunden. Vieles davon nehme ich neutral als Selbstverständlichkeiten hin, ist für mich „da", aber eher als „Deko", auf die ich emotional nicht groß reagiere. Und zwischen all dem sind die Dinge versteckt

– Menschen, Informationen, Sachen, Situationen – die mein Interesse mehr wecken als diese „Deko". Diese „Dinge" triggern alle irgendetwas in mir; positive oder negative Gedanken und Gefühle. Dadurch fühle ich mich zu gewissen Dingen hingezogen und von anderen eher abgestoßen; aber ALLES DAVON bleibt ein Teil von mir und, so unangenehm es sich manchmal anfühlen mag, bedingungslos mit mir verbunden. Ich könnte es nicht wahrnehmen, wenn es nicht so wäre!

Ich konnte erst wirklich lernen, mich zu erkennen, als ich anfing, MICH in ALLEM selbst zu sehen.
Ich konnte erst wirklich lernen, MICH zu lieben, mit ALLEM was dazu gehört, als ich anfing, ALLES in meiner Wahrnehmung zu lieben.
Als ich anfing, meine Liebe auf MICH zu konzentrieren, statt auf jemanden im Spiegel (das so genannte „Außen"), konnte ich meine Liebe auf
JEDEN in diesem Spiegel anwenden.
Und in dem Maß, in dem ich in der Lage bin, das zu lieben was ich im Spiegel sehe, bin ich in der Lage, **MICH SELBST zu lieben**.

Ich habe also eine sehr tiefe Bindung zu mir selbst gefunden. Das, was ich, wie so viele andere, zuvor in Anderen gesucht hatte; die ich aber in jedem Anderen wiederfinde. Und bei so manchem weniger, dafür bei vielem umso mehr

genießen kann!

5. Wahrnehmung

Wir nehmen wahr, so viel ist klar. Weniger klar ist, was das eigentlich bedeutet. Etwas WAHR zu nehmen. Es als REAL zu verstehen. Es lohnt definitiv, sich dieses Thema mal aus könICHlicher Perspektive anzusehen. Ein sehr verbreitetes Problem, das kaum jemandem bewusst ist, besteht darin, das die meisten Menschen nicht in der Lage sind, ihrer eigenen Wahrnehmung zu trauen.
Und Vieles wird dann zu „Einbildung" degradiert, was dazu führt, dass wir eine sehr „verschobene", wenn nicht gar verrückte Wahrnehmung haben. Was durch gewisse Dinge und Fremdautoritäten auch noch extrem unterstützt wird.

„Real" erscheint dadurch nur noch ein Bruchteil dessen, was in unserer WAHRnehmung zu finden ist. Und das ist sehr tragisch. Weil uns das zu etwa 95% beschränkt. Ein(e) KönICH hat die Möglichkeit, über diesen beschränkten Horizont hinaus zu blicken und wieder zu 100% Herrscher über die eigene Wahrnehmung zu werden. Einen anderen gibt es nämlich nicht.

Wie ich schon erwähnte, lebe ich genau genommen gar nicht auf der Erde, sondern in „Nenni".

Oh man, der Bauchi wieder! Lebt in seiner eigenen kleinen Welt , die jetzt sogar einen Namen hat, und faselt wirres Zeug.

Jap. Wie jeder andere, und wenn Du magst, entführe ich Dich ein wenig nach Nenni, und Du machst Dir Dein ganz eigenes Bild. Wer weiß, vielleicht willst Du gar nicht mehr zurück ;)

Nimm eine entspannte Haltung ein, konzentriere Dich einen kurzen Moment auf die Ruhe und die Stille in Dir, dann öffne Dich meinen Worten und lass sie zu Deinen werden, folge ihnen und lass sie in Dir wirken. Sie triggern in Dir Deinen ganz eigenen Film, lehn Dich zurück und schau ihn dir einfach an. Viel Spaß in Nenni.

Klick. Die Lichter gehen aus und das System wird heruntergefahren. Der Sound verhallt, Geruch und Geschmack werden fad, alle Gefühle werden taub. Stille macht sich breit, Ruhe und Frieden stellen sich ein. Zuhause. Hier bin ich ICH - KönICH und Herrscher meiner Wahrnehmung. Hier und Jetzt. In diesem Moment, jenseits von Raum und Zeit. Jenseits all dessen, was man so erleben kann. Sicher, geliebt, geborgen. EINS mit allem. Verbunden mit allem, aber gerade mal kurz offline. Mit meinem inneren Auge sehe ich mich um. Ich sitze auf dem Sessel der Konsole, körperlos, schwerelos, reines Bewusstsein. Bewusstsein im Raum seiner Wahrnehmung. Im Wahrnehmungsraum. HIER.

Ich sehe deutlich den Spiegel vor mir, der normalerweise das gesamte Sichtfeld ausfüllt und die Geräte, die die anderen Sinne simulieren: Offmind.

Mal kurz Pause machen, mich den Sinneseindrücken für einen Moment entziehen und wieder zu MIR kommen. In MIR. IN mir. INNEN. NENNI, wie es sich im Spiegel liest. Zuhause, eben. Im Raum MEINER Wahrnehmung.

HIER BIN ICH. Immer. Von hier aus erlebe ich alles was ich je erleben kann und alles davon passiert in DIESEM Raum, auf MEINER KOPF-Konsole. Hier bin ich INNEN, und erlebe auf dem Spiegel vor mir das sogenannte Außen. Wie Spiele auf anderen Konsolen, nur wesentlich realistischer. Das Einzige, als was ich mich hier identifizieren kann, ist Onmind-Surfer. Der Typ am Controller. Der Chef dieser Wahrnehmung, ihr Regisseur, Protagonist, Drehbuchautor, Kameramann und Kabelträger. Von hier aus bewege ich mich fließend durch alle möglichen Dimensionen. Durch meine Welt namens „Nenni". Die Welt auf MEINEM Monitor, in meinem SPIEGEL. Meine Spiegelwelt, in der ich ALLES erleben kann, was ich mir erlaube für WAHR zu halten – also zu GLAUBEN. Alles, was ich nur MÖCHTE!

Seit ich mich in diesem Raum wiedergefunden habe, kann ich ihn irgendwie nicht mehr verlassen. Doch das macht gar nichts, weil ich mich hier sehr wohl fühle und von hier aus das gesamte Universum bereisen kann.

Mein Bewusstsein ist mein Surfboard, mein Interesse der Mauszeiger, meine Sinne der Output. Und der Input ist – das, was mich leitet: meine Intuition.

Klick. Das System fährt neu hoch. Die Sinne schärfen sich wieder, doch ich bleibe in meiner entspannten Haltung. Ich sehe den Spiegel wieder meinen gesamten Sichtbereich ausfüllen. NENNI, steht da in Großbuchstaben, bis ich einen Befehl eingebe. Vor mir sehe ich meine Hände, bereit, das zu tun was ich ihnen zu tun gebiete. Des KönICHs treueste Helferlein. Ich nehme meinen Avatar wahr, durch den ich mich mit allem was ich nur möchte identifizieren kann. Mein Ego.

Wie ich es von einem Computer kenne, öffne ich auf meinem Monitor/Spiegel eine Liste mit Spielen. Ich muss sie mir nur vorstellen und sie erscheint vor meinem Geistigen Auge klar und deutlich. Der Schriftzug NENNI verschwindet im Hintergrund. Wir haben gerade das Onmind-Reisebüro betreten.
Meine Spiele-Liste ist so sortiert, dass ich links eine Liste meiner Lieblingsspiele habe, in der Mitte welche, die ich ab und an mal spiele, und rechts die, die ich nicht mehr Spielen möchte. Zur Auswahl stehen immer alle davon, die Sortierung vereinfacht mir, bewusst zu wählen. Jedes Spiel ist wie eine Reise, und in ihrem Rahmen kann ich mich durch Nenni bewegen.

Ich öffne ein anderes Fenster, den Messenger, über den ich mit allen Mitspielern verbunden bin, mit denen ich je in Kontakt gekommen bin. Jedes Gefühl und jeden Gedanken der ausgetauscht wurde, kann ich in diesem Chatverlauf finden.

Es gibt auch einen Browser, über den man wild und völlig frei durch das Innernet surfen kann. Er ist verbunden mit dem Zentralrechner des Universums, der Akasha. In ihr ist alles gespeichert, was je erlebt werden kann; jede Erinnerung und jede nur erdenkliche Möglichkeit.

Eine Flut von Wirrwarr erscheint auf meinem Spiegel.
Ich erinnere mich, warum ich eben das System neu gestartet habe. Es machte keinen Spaß mehr, die Konsole zu nutzen. Zu chaotisch waren meine Fenster, viel zu viel Durcheinander und das System lief immer langsamer und zäher. Von überall her fliegen Pop-Ups auf meinen Schirm, die meine Aufmerksamkeit auf sich ziehen wollen. Ich fühle mich überhaupt nicht mehr wie ein(e) KönICH, sondern wie ein Opfer meiner eigenen Wahrnehmung. Ich weiß nicht mehr wo vorn oder hinten ist, mein Energiepegel sinkt gen NULL.

ZUGESPAMT

Neustart. Diesmal ist das erste Fenster das ich öffne die Systemeinstellung. Im Reiter OPTIONEN finde ich die Auswahl „Einstellung zu Mitspielern" und ändere sie von „gegeneinander" zu „miteinander". Bei „Spielart" ändere ich die Auswahl von „Opfer/Täter" zu „KönICH". Doppelt hält besser.
Hinter „Immunität vor Fremdautoritäten" setz ich ein Häkchen und drücke auf „anwenden".

Sofort fühle ich mich besser. Ich öffne den Browser, und die Pop-Ups bleiben weg. Ich surfe die Akasha an und finde ein tolles Tool: einen roten HOME-Button, den ich mir permanent in den oberen rechten Rand meines Spiegels setze. Wenn ich ihn drücke, bin ich SOFORT wieder HIER, in MIR, im INNEN.

Der/die/das KönICH,
der Onmind-Surfer, der Moment.
Reines Bewusstsein, mehr nicht.
ICH eben!

Meine Welt ist Nenni und in ihr kann ich durch alle nur erdenklichen Welten und Dimensionen reisen. Was bedeutet alle nur erdenklichen Welten? Was bedeutet Dimensionen? Mit solchen Worten beschreiben wir Wahrnehmungsräume. Wir kennen Unterscheidungen für diese Räume wie „Realität", „Fantasie", „Traum", „Einbildung", und mit unserem Bewusstsein (Unter-, Un- und Vollbewusstsein) surfen wir tatsächlich zwischen diesen Welten, diesen Dimensionen hin und her und umeinander, mitunter so selbstverständlich, dass wir es nicht einmal bemerken.

Eine große Illusion der man unterliegen kann ist, dass „reale" Welten anders gewichtet sind als „Traumwelten". Weil man uns gelehrt hat, dass das so

ist. Schauen wir uns das mal genauer an, können wir aber sehen, dass es im INNEN nicht die geringste Rolle spielt, in welcher Dimension wir ein Erlebnis hatten.
Wenn wir danach über die Erinnerung verfügen, muss es IN UNS real gewesen sein! Jedenfalls als Einbildung.

Da KönICHe in der Lage sind, ergänzend zu denken, können sie verstehen, warum sich das nicht widerspricht:

Wie schwer ist es, sich vorzustellen, dass ALLES was wir erleben EINBILDUNG ist, die aber IN UNS völlig real wahrgenommen wird? Und zwar egal in welcher Dimension wir es erleben! Eigentlich gar nicht so schwer. Auf unseren Computern ist das völlig normal. Alles darin ist real, aber virtuell! Die Daten sind ja DA, wenn sie auch nicht MATERIELL sind. Und da kommen wir dem Braten schon was näher.
Wer hat denn bitteschön gesagt, dass NUR Materielles REAL sei? Die gesamte Wissenschaft des Westens stützt sich auf diese Annahme. Und wundert sich allen Ernstes darüber, dass ALL ihre Thesen, Theorien, Fakten und Beweise angreifbar und mitunter gar widerlegbar sind.

KönICHe hingegen WISSEN, dass so EINIGES real ist, das nicht materiell begriffen werden kann. Und können sich so aus diesem starren, eingefahrenen Weltbild lösen.
Und so zum bewussten Onmind-Surfer werden, dem sich völlig neue Horizonte erschließen. Jenseits all dessen, was andere für real halten.

Teil 2

Praxis

Ein freier Mensch
widmet sich dem,
was der Augenblick gerade bringt.
Er weiß, dass er sterben wird,
seinen „Abschied" hat er längst gefeiert.
Und so gibt es nichts mehr,
an dem er noch festhalten würde:
keine Illusion in seinem Geist,
keine Widerstände in seinem Körper.
Er denkt über seine Handlungen nicht nach;
sie kommen einfach aus ihm heraus,
und er lässt sie absichtslos passieren.
Ihn hält nichts zurück vom Leben,
daher ist er zum Sterben bereit,
wie ein Mann zum schlafen bereit ist
nach seinem tüchtigen Tagewerk.

Eins mit dem Universum kannst Du
alles bewältigen, was das Leben Dir bringt.
Du surfst auf den Wellen der Dinge
die da kommen und gehen.

*(aus: Das Buch vom Universum,
ISBN: 9783738647600)*

6. Ein Tag in Nenni

Erlebnisbericht
aus dem Land der KönICHe

Guten Morgen. Es ist Zeit für einen weiteren aufregenden Tag im Land der KönICHe von sich selbst und niemand Anderem, willkommen in „Nenni".
Der Onmind-Surfer sitzt vor seinem Spiegel. Was darf's heute sein, was wollen wir erleben? In der Spiele-Liste klicke ich „Erde" an, „Abenteuer im Miteinander", und „Triff die tollen Leute!". Drei Spiele. Gleichzeitig. Das hat die KOPF-Konsole jeder x-Box voraus. Wie so Einiges anderes. Ich wähle einen Avatar und schon geht die Reise los. Sämtliche Sinne schießen sich auf die neue Situation ein und lassen mich, unendliches Bewusstsein, zu einem „Jemand" werden, den wir schon aus dem Buch „2020 – Die neue Erde" kennen. Ich lasse mich fallen und umgebe mich mit ihrer Wahrnehmung.

Langsam komme ich zu mir. Ich versuche noch, meinen letzten Traum fest zu halten. Irgendwo war ich gerade; kam mir fast vor, wie auf einem Raumschiff. Ich saß in einem Sessel vor einer Konsole oder so etwas. Genauer erklären kann ich es nicht und dann ist es ganz weg. Noch bevor ich die Augen öffne, wird mir gewahr, wo ich jetzt bin. Zuhause. In meinem Bett. Gut geruht würde ich sagen. Ich fühle mich entspannt und ausgeschlafen und der Duft von Frühstück drängt sich erfolgreich in meine Nase. Ich höre ein Rasseln aus der Küche, ein beruhigendes Geräusch. Obwohl ein gespanntes Gefühl mich aus dem Bett treibt, bleibe ich noch ein paar Atemzüge mit geschlossenen Augen liegen. Ich möchte den Tag RUHIG beginnen. Das trainiere ich seit geraumer Zeit. Und es funktioniert immer besser. Als das treibende Gefühl verschwindet, öffne ich meine Augen und schaue mich um. Dann gähne ich von Herzen und strecke mich erst einmal. Die Katze liegt neben mir, bekommt es mit, findet es ganz toll und begrüßt mich freudig. Ich genieße ihr Schnurren und ihr weiches Fell und wie sie ihr Köpfchen an mich drückt.

Dankbarkeit durchflutet mich, so, wie das Licht der Sonne, das durch das Fenster scheint. „Miau" sagt sie. „Miauch", erwidere ich und küsse sie sanft auf ihre Stirn. Ich strecke mich noch einmal und setze mich auf. Das Buch, in dem ich vor dem Schlafen noch gelesen hatte, fällt vom Bett auf den Boden. Ich hebe es auf und schau es an. „KönICH" steht darauf. Ich lächle und streichle es. Ich liebe es, immer wieder mal in ihm zu lesen. Es hilft mir immer dabei, mich gut zu fühlen und meinen eigenen Weg zu gehen. Ich leg es beiseite und stehe auf. Jetzt zieht es mich doch in die Küche, mein Herz klopft Sturm. Auf dem Weg dahin mache ich einen Abstecher ins Bad.

Ich sitze auf dem Klo und denke bei mir, dass ich irgendwie schon sehr lange eine bestimmte Meditation gar nicht mehr nötig hatte: Die iShice-Meditation. Ich hab sie oft und gern angewendet und sie hat mir sehr geholfen, mit dem Müll in mir aufzuräumen. Ich hab damals ganze Tage damit verbracht, den Mist, den ich in mir lokalisieren konnte in meinen Darm zu visualisieren und beim Gang auf die Toilette ganz bewusst alles zusammen ins Klo zu entlassen. Andächtig abspülen und Danke sagen, „Danke, ich brauch dich nich mehr!". Ich sinniere noch ein paar Momente darüber und freue mich, dass so lange schon kein Müll mehr in mir war.

Ich der Küche steht Nathan und bereitet ein Frühstück zu. Er steht mit dem Rücken zu mir, ich lehne mich in den Türrahmen und beobachte ihn. Er ist so schön und ich liebe es, ihn zu sehen. Kein anderer Mensch kann gerade solche Gefühle in mir auslösen. Dankbarkeit, Geborgenheit, totale Akzeptanz all Dessen, was ich bin und diese bedingungslose Liebe. Ich bin so glücklich, dass wir uns endlich begegnet sind. Eine Kennenlern-Geschichte wie unsere hört man auch nicht oft.

„Wie habt ihr Euch denn kennen gelernt?" – „Also, zuerst hat Nathan mich im Jahr 2020 getroffen, da kannte ich ihn aber schon lang, dann haben wir uns 2017 das erste Mal getroffen, da kannte er mich aber schon lang. Wir sagen gern, wir haben uns jenseits von Raum und Zeit kennen gelernt!"

„Guten Morgen, Eure Majestät!" grüßt er mich, als er mich bemerkt. „Ausgeschlafen?" Er kommt auf mich zu und nimmt mich in den Arm. Eine Welle von Wärme durchläuft mich und ich könnte übersprudeln vor Glück. Wir küssen uns und drücken uns fest aneinander. Diese

Momente sind es, in denen mein komplettes System auflädt; wie eine Blume in der Sonne. Bei ihm bin ich mir selbst so nah wie bei kaum jemand anderem. Es ist so leicht, sich in seinen Armen SELBST wahrzunehmen. Für mich jedenfalls. Aber andere sagen das auch: Es ist sein Maß an Liebe, das ihn durchdringt und das sich durch in äußert, egal wo er ist. Er hat diese Wirkung auf Menschen einfach. Er sagt, das ist seit 2020 so. Wir lösen uns aus der Umarmung und schauen uns tief in die Augen. Als wir uns küssen merke ich, wie leicht ich werde und wie mir ein wenig schwindelig wird. Wir lachen und er sagt: „Komm mit raus auf die Terrasse, ich hab schon alles so weit fertig!"
Die Gardinen wehen im Wind und die Sonne steht bereits hoch am Himmel, doch der Tisch steht im Schatten. Frische, selbst gemachte Limonade, Obst, Brot, Aufstriche, Müsli, Schokocreme, alles was das Herz begehrt; und alles selbst gepflückt oder gemacht. Nackt sitzen wir beim Frühstück und genießen die Ruhe. Es ist zwar nicht gerade leise, die Vögel und Insekten um uns herum füllen die Kulisse um uns herum mit einem regelrechten Getöse. Aber es ist RUHIG. Alles im Einklang, alles easy.
„Ich möchte heute am Turm weiter basteln, wie schaut's bei dir aus?" möchte Nathan von mir wissen.
„Ich weiß nicht genau," antworte ich, „irgendwie... hab ich das Gefühl, als sollte ich heute einfach einen ganz normalen Tag in Nenni verbringen. Ich werde das Gefühl nicht los, als würde ich beobachtet. Und da ich weiß, dass solche Gefühle nicht von ungefähr kommen,

tu ich heute mal einfach so, als hätten wir hier Tag der offenen Tür und erlebe meinen Tag, als würde ich anderen Nenni vorstellen. Vielleicht kommentiere ich sogar alles, also Vorsicht!" Wir lachen, aber ich meine es so wie ich es sage. „Herzlich willkommen in Nenni, dem Land der KönICHe, in dem die Zeit abgeschafft wurde. Deswegen übernehme ich auch heute die Mittagsschicht", witzelt Nathan. Dann wird er ernst und schaut mich an.

„Weißt du," sagt er leise, „Als ich dich vor zwei Jahren auf dieser Terrasse das erste Mal getroffen habe, hab ich mir nichts sehnlicher gewünscht als hier mir dir zu leben. Und jetzt bin ich mitten drin in diesem Traum und das mal wieder völlig real. Wenn ich Dich sehe, wird mir immer wieder das Wunder des Lebens bewusst. Und was für ein Wunder es erst ist, wenn man es bewusst selbst lebt und steuert. Ich weiß nicht, ob ich jemals dahin gefunden hätte, wenn du mich und dadurch so viele andere nicht dazu inspiriert hättest. Die Liebe, die du versprühst, konnte offensichtlich sogar durch ein Buch übertragen werden. Du bist so viel mehr als einfach nur eine Frau und wenn ich Dich sehe, sehe ich das Potential der ganzen Menschheit. Wir sind ALLE so viel mehr. Für all das wollte ich dir einfach mal DANKE sagen." Ich weiß nicht, was ich sagen soll. Ein wenig verlegen schaue ich ihn an. „Nimm es einfach an und genieße, dass es sich schön anfühlt," lacht er jetzt wieder.

„Samira? Nathan?" ruft eine Stimme um die Ecke. Ihr folgt ein engelsgleiches Wesen mit langen blonden Haaren.

„Hoheit Meli! Wie schön, dich zu sehen!" rufen wir wie aus einem Mund. Und ich füge hinzu: „Du kommst genau richtig zum Frühstück! Setz dich zu uns!"

Die Ubuntu-Meli kommt auf die Terrasse hoch. Gott, seh ich sie gern. Sie strahlt wie eine Sonne und egal wo man sie trifft, zieht sie alle Blicke auf sich. Ich liebe sie von Herzen. Wir stehen auf und begrüßen sie mit einer langen Umarmung.

„Sagen wir, ich komm genau richtig zum Brunch," sagt sie grinsend, als wir uns wieder setzen. „Ich bin heute schon ein paar Stunden auf den Beinen." Wir lachen.

Nathan verschwindet in der Küche um ein weiteres Gedeck zu holen. Er bringt gleich zwei mit und sagt: „Ich hab das Gefühl, es kommt gleich noch wer." Er setzt sich wieder zu uns und wir machen uns über das Frühstück her. Es schmeckt köstlich und in solcher Gesellschaft nochmal doppelt gut. Ich bin glücklich und nehme den Moment bewusst wahr. Hier und jetzt sitzen wir in UNSEREM Moment, vereint mit allem, wie es sich gehört. Im Flow.

Plötzlich weiß ich wieder, wo ich vor dem Aufwachen war. Ich war in keinem Raumschiff, ich war in meinem Innersten. Natürlich! Wie konnte ich das schon wieder vergessen? Manchmal nehme ich die Dimensionssprünge immer noch nicht bewusst wahr. Gerade in diesem Moment bemerke ich, wie ich wieder einen gemacht habe. Für einen kurzen Moment war ich wieder nicht an diesem Tisch auf der Erde, sondern in MIR, und jetzt bin ich wieder am Tisch, aber nicht mehr auf der Erde, sondern in Nenni. Mir gefällt das. Ich bekomme immer mehr Zugang zu diesen Reisemöglichkeiten. Das Tolle an Nenni ist, dass es ÜBERALL ist wo es wahrgenommen wird. Das ist grundsätzlich bei nichts Anderem anders, aber Nenni ist an keinen Ort gebunden, hat keine Grenzen, und egal wo man ist, man ist in Nenni. Auf der Erde bin ich in Nenni, auf dem Mond bin ich es und an jedem anderen Fleckchen des Universums auch. Seit ich in Nenni angekommen bin, bin ich in mir angekommen, und aus mir heraus nehme ich wahr. Egal was ich also wahrnehme, es ist mit mir in Nenni, einem Land jenseits von Raum und Zeit, in dem das ganze Universum residiert. Einmal mehr vertieft sich dieses Gefühl in mir durch diese Gedanken und Beobachtungen.

Ich halte es tief in mir fest und lege meinen Fokus wieder auf das was um mich herum passiert.

Nathan und Meli unterhalten sich über das Ubuntu-Prinzip, das auf der Erde immer mehr Verbreitung findet. Ich beiße herzhaft in mein Marmeladenbrot und genieße, und lausche Melis Worten:

„Was brauchst du JETZT? Jetzt im Moment? Jetzt im Augenblick? Du hast alles, was du genau jetzt brauchst. Richtig? In erster Linie ist Ubuntu eine Weltvorstellung, wo es um Wertschätzung, Akzeptanz und Dankbarkeit geht.

Stellen wir uns mal vor, wie es wäre, wenn wir gar kein Geld mehr benutzen würden. Ich meine alle Menschen, nich nur wir Ubuntis, die eh schon so leben. Überleg doch mal; wie oft denken die Menschen täglich über Geld nach. Und welche schönen Momente könnten sie stattdessen erleben? Geld ist weder gut noch schlecht. Es ist ein Mittel zum Zweck. Ein Zwischenmittel zu den Dingen und Momenten, die wir kaufen und erleben und spüren wollen. Wenn ich 90€ für einen Fallschirmsprung hergebe, dann geht es mir nicht um das Geld, das ich ausgebe, sondern um den Sprung, den ich mit meinen Sinnen fühlen darf. Wertschätzung der Dinge und Momente, darum geht es bei UBUNTU. Nicht um Profit und Anerkennung oder Konkurrenz. Das sind Gefühle, die oft durch Geld erschaffen werden. Je mehr Geld, desto mehr Anerkennung. Ja, manche Menschen sind arm, sie haben nichts außer Geld. Sie vergessen ihre Lebensmomente wertzuschätzen, genauso wie ihre Mitmenschen. Sie vergessen jede Situation und jeden Menschen zu akzeptieren, wie er ist. Jeder Mensch handelt immer in seiner besten Option mit besten Wissen und Gewissen. Und weil ihr Fokus immer nur auf Geld liegt, vergessen sie, dankbar für jeden Moment im Leben zu sein. Ubuntu will nicht das Geld vernichten. Geld ist ein super Zwischenmittel. Ubuntu möchte mit diesem Gedanken einer geldlosen Gesellschaft nur auf Grundlagen aufmerksam machen. Freiheit, Gleichheit und Brüderlichkeit sowie Wertschätzung, Akzeptanz und Dankbarkeit gegenüber jedem Lebewesen und in jeder Situation. Das wirklich Tolle an der Sache ist, dass sie da, wo sie praktiziert wird, auch sehr einfach funktioniert."

„Du hast Tellinger nicht nur gelesen, hab ich Recht?" fragt Nathan. „Natürlich nicht, ich hab ihn auch persönlich kennen gelernt. Er macht immer noch Vorträge und Seminare zum Thema. Sein Buch „Das UBUNTU Prinzip" ist eine ausführliche Erklärung, aber in den Seminaren und Workshops sitzen inzwischen immer mehr Leute, die praktische Erfahrungen haben, die wir untereinander austauschen, und die auch Michael Tellinger immer wieder bereichern, wie er sagt."

„Ich finde, DU bist eine Bereicherung für Ubuntu," sage ich jetzt. Ich glaube jede Idee braucht den, der sie aufschreibt und verbreitet, aber eben auch die, die aus Begeisterung mitmachen und DAMIT die Sache bewerben und bekannter machen. Dein UBUNTU-Festival in Graz 2016 war eine wirklich gute Werbung. Seitdem sind nochmal viel mehr Menschen auf dem Ubuntu-Trip."

Sie grinst. „Ja, das waren noch Zeiten! Da habe ich viele tolle Leute kennen gelernt." – „Die Du eingeladen und zusammen gebracht hast. Mach dich nich immer so klein, das war riesig!" Sie schaut mich an und lächelt.

„So wie durch euch beide die Idee groß geworden ist, bereits 2020 in einer völlig anderen Welt zu leben?"

Tja, da hat sie mich wohl erwischt. Irgendwie hat sie Recht, und ich weiß das auch, aber ich habe immer ein wenig Angst, es für mich anzunehmen. Ich habe nicht den Eindruck, irgendetwas Besonderes geleistet zu haben. Ich hab mich einfach unsterblich in Nathan verliebt und bin so in einem Buch gelandet. Ich finde es

gibt Menschen, die für den Frieden und die Ruhe auf der Erde wesentlich mehr getan haben als ich. Und dennoch... mache ich mich gerade klein.
„Ja, schon, aber was haben wir dazu schon beigetragen? Nathan hat eine Zeitreise gemacht und sie aufschreiben lassen, und ich... weiß nicht mal was ich wirklich beigetragen habe. Dagegen sehe ich andere Menschen, die ihr ganzes Leben der Weltfriedensinstallation gewidmet haben und fühle mich was das angeht absolut unwichtig. Ich weiß wirklich nicht so ganz, wie ich mich mit denen auf eine Stufe stellen soll, um mich da nicht klein zu machen."
„Weil Du eben gerade nicht Ubuntu denkst," erwidert Meli. „Und somit nicht wirklich wie eine KönICH. Schau mal: Wenn alles, was entsteht, wie ein Uhrwerk ist, dann ist jeder, der dabei mitmacht, wie ein Zahnrädchen darin. Jedes dieser Zahnrädchen ist wichtig, GLEICH wichtig um genau zu sein, weil das Uhrwerk nicht laufen würde, wenn auch nur ein Zahnrädchen fehlte. Dabei ist es egal, ob das Zahnrädchen den großen oder kleinen Zeiger bewegt oder hilft, die Feder aufzuziehen. Ohne läuft das Uhrwerk nicht. Alle Zahnrädchen sind darauf angewiesen, dass alle anderen Zahnrädchen DA sind und ihren Teil des Zusammen-Wirkens tun. Ich glaube, dir fällt es nur deswegen so schwer, deinen Teil des Ganzen als eben so wichtig zu sehen wie alles andere, weil früher so viele Zahnrädchen ihr Licht in den Fokus gerückt haben, wodurch der falsche Eindruck entstand, es gäbe wichtigere und unwichtigere Zahnrädchen.

Aber danke, dass ich mir das gerade auch noch einmal vergegenwärtigen kann - ich denke, damit haben wir alle noch ein wenig Schwierigkeiten. Und da hilft uns Ubuntu. Es hilft dabei, uns alle ebenseitig als WERTVOLL wahrzunehmen, egal was wir tun. Vor allem im Vergleich mit allen Anderen. Ubuntu ist UHRWERK-Denken, nicht Zahnrädchen-Denken. Auch, wenn es die Zahnrädchen sind, die denken," lacht sie.
Wie Recht sie doch hat. Ich könnte sie knutschen. Und sage es. Und dann steh ich auf, beuge mich zu ihr runter und tu es auch. Ich kann gerade nicht beschreiben wie glücklich und dankbar ich mich schätze, solche Leute zu kennen. Nathan schaut uns grinsend an denkt das Selbe. Ich sehe es an seinem Blick. Als ich mich wieder setze, sagt er: „Ist das Leben nich schön?" und wir strahlen um die Wette.
In diesem Moment klingelt mein Skype. Ich öffne mein Tablet und sehe, wer anruft. „Der Wunsch-Andi," sage ich erfreut, nehme ab und stelle das Tablet aufrecht vor mich. Wir begrüßen uns herzlich und ich genieße es, sein liebevolles Gesicht in die Kamera lachen zu sehen. Dieser Mann ist voller Liebe, und ich habe viel von ihm gelernt. Über das Wort „Befindlichkeiten" habe ich überhaupt das erste Mal nachgedacht, nachdem er mich darauf angesprochen hat. Danach folgte ein zweiminütiger Vortrag, nach dem ich nie wieder vergessen habe, wie sehr wir Menschen unseren Befindlichkeiten unterliegen, und wie oft wir von ihnen beeinflusst sind, wenn wir mit anderen reden. Wodurch sehr häufig Dinge ausgesprochen werden, die so wie sie

gesagt sind gar nicht gemeint waren. „Nichts wird so heiß gegessen wie es gekocht wird" war eigentlich schon der halbe Weg zu dieser Erkenntnis, aber nach Andis Erkenntnis um die Befindlichkeiten gab es keine einzige Situation mehr, in der ich irgendwelche Angriffe noch ernst genug hätte nehmen können um dem Angreifer böse zu sein. Jedes Mal, wenn mir jemand frustriert etwas an den Kopf geworfen hat, wusste ich in DEM Moment, dass ich es nicht persönlich nehmen brauchte. In solchen Situationen hilft es übrigens sehr, einfach „Ventil" zu spielen, habe ich heraus gefunden. Einfach für den anderen DA sein, ihm die Möglichkeit geben, sich zu spiegeln und auf- und wieder abzuregen. Ich war eh schon nie wirklich nachtragend, aber so gab es noch nicht mal mehr einen Grund überhaupt etwas nachzutragen. Seitdem erlebe ich solche Situationen völlig anders. Sehr viel stressfreier vor allem. Und als KönICH ist es unter meiner Würde, mich noch auf Streit oder Gegeneinander einzulassen. Als KönICH kann ich innerlich ein wenig zur Seite und somit aus der Schusslinie gehen und selbst entscheiden wie ich reagiere. Und ich ziehe es vor, jedem die Schwester zu sein, die ich selbst in allen Anderen sehe.

„Ich wollte nur Bescheid geben - es gibt ein neues Projekt auf der **www.12x12.info** ," sagt er jetzt. „Und das mit der IHR-Karte läuft auch bestens. Ich wollte fragen ob wir das mit der WIR-Karte verlinken können."
„Oh, da musst Du Gunnar fragen," schaltet sich jetzt Nathan ein, der darüber Bescheid weiß. „Gunnar Gast, den *Infofrieder*, die *Love-Police* Köln. Du kannst ihn

googeln oder gleich bei Facebook anschreiben. Er macht die WIR-Karte, und er hat bestimmt nichts gegen eine Fusion. Bestell ihm einfach einen Gruß von Bauchi, die beiden kennen sich und das geht bestimmt klar.
Aber Wunsch-Andi, i hob a noch an Wunsch an di."
Beide lachen. Ich weiß, dass sie gerade beide an Joe Kreissel denken, den Freeman Austria. Dem war irgendwann aufgefallen, dass der Wunsch-Andi nicht von ungefähr so hieß, sondern weil er immer einen Wunsch an uns repräsentiert, einen Wunsch an DI(CH). Wie eine Elfe, nur eher wie ein Teddybär, dafür mit unbegrenzten Wünschen. Und man kann mir das jetzt glauben oder nicht, aber wenn der Wunsch-Andi in der Nähe ist, dann gehen Wünsche in Erfüllung!
„Ich würde so wahnsinnig gern mal wieder mit dir am Lagerfeuer sitzen," äußert Nathan nun seinen Wunsch. „Meinst Du das ist was machbar, Bruder?" – „Naja, lass uns das doch mal onmind machen, wie ihr das immer sagt. Was haltet ihr davon? Heute Abend macht ihr ein Lagerfeuer und stellt euch alle vor, dass ich gleich neben Euch sitze, und ich setze mich hier bei mir ans Feuer und stelle es mir auch vor. Lasst uns schauen was passiert!"
Der Andi. So isser. Einfach aus allem das Beste machen, selbst aus großen Entfernungen. Aber vor allem MACHEN. Ich habe noch nie erlebt, dass er keine Idee gehabt hätte. Einmal bis hin zum Herzinfarkt. Meli gibt sogleich bekannt, dass sie heute Abend dann auch wiederkommt, und sehr gern dabei ist.

Und Nathan und ich müssen lachen, weil SO typisch ist, was als nächstes von ihr kommt: „Wir können ja noch ein paar mehr Leute einladen. Eine KönICHs-Party in Nenni, in allen Dimensionen! Ubuntu-Style!" Die Idee gefällt uns, und wir sagen schon mal zu.

„Na, Euch scheint es ja gut zu gehen," sagt eine mir wohlbekannte Stimme hinter mir. Meine Schwester Tamara kommt die Stufen zur Terrasse hoch. Wir haben sie gar nicht kommen hören. „Natürlich," sage ich erfreut, „was Anderes ist ja auch keine Option mehr!" Ich stehe auf und drücke sie herzlich an mich. „Schön, dass du da bist," flüstere ich in ihr Ohr und beiße ihr sanft ins Ohrläppchen. Sie zieht mich fest an sich und es fühlt sich einfach schön an. Wir hatten nicht immer ein solches Verhältnis zueinander. Aber seit sie mir vor zwei Jahren ein Buch in die Hand drückte und mir weinend sagte wie lieb sie mich hat, sind wir nicht nur beste Schwestern, sondern auch beste Freundinnen. Sie ist so wunderschön. Das fand ich immer schon, aber früher konnte ich sie nicht genießen. Zu heftig waren unsere Meinungsverschiedenheiten und unser Umgang miteinander. Heute kann ich es nicht nur genießen, sondern es ihr auch noch sagen. „Gut schaust du aus. Wie wunderschön du bist. Kennst Du Meli schon?" Meli steht auf und knickst grinsend. „Hallo, Tamara, hab schon viel von dir gelesen. Es freut mich sehr, dich endlich mal zu treffen." – „Hallo, Meli. Lass Dich drücken." Währenddessen steht Nathan auf, und als Meli und Tamara sich aus ihrer Umarmung lösen, wendet sich Tamara ihm zu. „Na, du Zeitreisender? Was hast Du mit meiner kleinen Schwester gemacht? Die strahlt ja wie ein Atomkraftwerk." Sie merkt nicht, wie sehr sie das selbst gerade tut. Sie schaut Nathan tief in die Augen, und er erwidert liebevoll ihren Blick. Langsam nähern sich ihre Nasenspitzen und berühren sich. Tamara umschlingt langsam seine Hüften und drückt sanft ihre Lippen auf seine. Er zieht sie an sich, und sie küssen sich, ohne den Blickkontakt zu verlieren. Meli und ich genießen die Show. Ich weiß wie verknallt Tamara in ihn ist, und ich weiß wie wichtig sie für ihn ist. Ohne, dass sie ihm genau DAS was wir gerade bewundern dürfen gezeigt hätte, hätte er es MIR nie zeigen können. Und ich kann versichern, es ist etwas, was ich nie wieder missen möchte. Ich sehe wie glücklich beide diesen Moment wahrnehmen, und fühle dieses Glück in mir selbst aufsteigen. Wie schön zu sehen, dass die beiden Menschen, die mir auf der Welt am meisten bedeuten, sich lieben. Wie schön, dass man sowas heute nicht mehr verstecken muss.

„Okay.. Jetzt *versteh* ich was ich da in 2020 gelesen habe," sagt Meli. Sie schaut mich an, lacht ein wenig schüchtern und setzt sich wieder hin. Ich setze mich auch wieder und kann den Blick nicht von den Beiden lassen. Nach einer Minute oder zwei lösen sie sich voneinander, kommen benommen wieder ins Hier und Jetzt und wir müssen alle lachen.

„Wie macht ihr das?" fragt Meli. „Wie könnt ihr SO wirken? Das hatte was von EINS sein, und ich hab in

meiner Brust ein Gefühl gehabt als würde sie gleich explodieren. Es hat sich voll wunderschön angefühlt."
Tamara antwortet wie aus der Pistole geschossen. „Der Trick ist eigentlich, exakt NICHTS zu tun. Sondern laufen zu lassen, fließen zu lassen. Da ist etwas in dir, das Dich leitet. Als KönICH weißt du wer das ist. Aber wenn du dich fallen lässt, merkst du wieder wie das mehr ist als Dein Verstand je greifen könnte. Da ist ALLES am Werk was existiert. Es Papa. Es ist wie beim Tanzen. Du kannst führen, und das tust Du auch, aber jede einzelne Bewegung ergibt sich dabei aus sich selbst heraus. Du gibst dich voll und ganz hin. Und GENIESST. Das ist das einzige was du tust. Den Rest kannst du nicht erzwingen oder erlernen oder kaufen. Das ist S.E.X. – Synergetischer Energie-Austausch (Exchange). Fühl Dich einfach hinein, es ist DA, vertrau dir selbst und lass Dich fallen." – „Aber wie?"
„Löse Dich von der Idee, dass du etwas falsch machen könntest. Dann schau, dass Du zum üben Partner findest, die das auch schon begriffen haben. Aber wir sind ja hier in Nenni, wir können ja gar nichts mehr falsch machen, also hab einfach keine Angst. Wenn du magst, können wir gleich hier und jetzt eine Runde drehen." – „Eine Runde drehen?"
„Sagt man so.. ‚Üben' klingt so spaßfrei. Es ist halt wirklich wie ein kurzer Trip. Oder ein langer, je nachdem." – „Jetzt sofort?" – „Klar, es sei denn du hast was vor, was mehr Spaß macht." Tamara zwinkert Meli zu, steht auf, nimmt ihre Hand und sagt: „Komm mit, wir gehen mal ein paar Minuten ins Haus, da sind wir

ungestört, dann fällt es dir auf jeden Fall leichter." Meli folgt ihr zögernd, schaut mir noch hinterher und sieht mein lachendes Gesicht. Viel Spaß, Ubuntu-Meli, gute Reise. Nathan und ich schauen uns an, verliebt und glücklich, er nimmt meine Hand und küsst sie.
„Ich kann das alles kaum glauben, so schön ist das alles. Wie in einem Traum," sagt er.
Ist es auch. Seit wir uns getroffen haben, ist das Leben anders. Es fällt uns beiden so einfach, uns darin zu unterstützen, das Leben zu genießen. Es gibt keine Sekunde, in der wir uns nicht geliebt fühlen und unserer Liebe nicht freien Lauf lassen könnten. Dabei sehen wir uns nicht einmal ständig. Zwischendurch erleben wir Dinge über Wochen von einander getrennt. Zumindest physisch. Doch eben gemeinsam. Weil wir alles miteinander teilen. Wir haben keinerlei Geheimnisse voreinander, und freuen uns, wenn der Andere von seinen Abenteuern in Nenni erzählt. Vom ersten Tag an waren wir im Drift, synchronisiert, konnten uns anders wahrnehmen als wir es früher von anderen kannten. Es gibt keine Trennung zwischen uns, einfach weil wir keine FÜHLEN. Ein Gefühl von absoluter Sicherheit, von tiefstem Vertrauen, dass nichts Schlimmes passieren kann. Statt dessen können wir unsere Gedanken lesen, kennen den anderen wie unser Lieblingsbuch. Anfangs war es regelrecht gruselig, aber wir haben uns sehr schnell daran gewöhnt und es wertzuschätzen gelernt. Wie in kaum jemand Anderem sehen wir uns SELBST im Anderen, spiegeln uns auf eine Weise, die uns früher noch große Probleme bereitet hätte. Aber seit wir

gemeinsam das Buch „KönICH" gelesen haben und uns seither auch gemeinsam so wahrnehmen, wissen wir es besser. Unsere Befindlichkeiten stehen uns nicht mehr im Weg. Ist der Eine mal energetisch etwas „down", wird er vom Anderen aufgefangen. Einer von uns beiden hat immer einen Draht zu dem Humor, den der Andere vielleicht gerade aus den Augen verloren hat. Egal, welches Problem uns im letzten Jahr über den Weg gelaufen ist, gemeinsam haben wir jede Hürde gemeistert und in Rekordschnelle eine passende umsetzbare Lösung gefunden. Wir sehen haufenweise Dinge anders, aber haben nie gestritten. Wir freuen uns über diese verschiedenen Sichtweisen, denn sie bereichern uns regelmäßig. Oft denkt einer das, was der andere noch gar nicht in Betracht gezogen hat.
Und das, ohne dass irgendwer sich dabei angegriffen fühlen würde.

Es dauert nicht lange, da kommen Meli und Tamara wieder auf die Terrasse zurück. Meli mit hochrotem Kopf, und Tamara mit einem breiten Grinsen. „Ich fass es nicht, ich glaub ich hatte einen Orgasmus, und Tamara hat mich nicht einmal angelangt," platzt es aus Meli heraus. „Wie kann das sein, dass die Menschen das nicht kennen? Oder kannten.. oder erst lernen müssen?" – „Weil sie gelernt haben, so etwas mit entsprechenden Hintergedanken zu versuchen, und so klappt ‚fließen lassen' nun mal nich. Und Du hast gerade mal nur die Light-Version mitbekommen. Ich hab gerade nichts weiter getan als dich einfach nur zu

lieben. Fällt bei dir allerdings auch nicht schwer. Das ist die Grundlage des Tantra, das im Ursprung die höchste Meditationsform des Zen war, und im Westen dann zu etwas komischem Sexuellen verkommen ist. Tantra ist S.E.X., das hat nichts mit Sex zu tun. Aber wie ich offensichtlich in drei Jahren schon einmal sagte: Sex auf der Basis von S.E.X. oder Tantra ist der Oberhammer."
Tamara ist voll in ihrem Element. Ihre Augen leuchten und man sieht wie wohl sie sich fühlt.
„Das tolle ist, dass immer alle Beteiligten etwas davon haben. Wenn man es richtig anstellt, geht es auf niemandes Kosten und ist für ALLE eine Bereicherung."
Meli ist hin und weg. „Das muss ich unbedingt weiter üben!" ruft sie. Dann steht sie wieder auf und verabschiedet sich. „Wir sehen uns heute Abend am Feuer, ich hab noch eine Verabredung mit Corinne, ich hoffe doch, dass sie heute Abend nichts Anderes vor hat."
Ich sehe wie Nathans Augen aufleuchten. Corinne Casey alias Corinna Tomaschitz hat es ihm angetan. Er nennt sie immer die „Hochzeitsnachtigall", weil sie auf Hochzeiten singt, und das mit einer atemberaubend schönen Stimme. Ich fühle seine Vorfreude auf die Aussicht, sie heute Abend wieder zu sehen, und genieße diese Freude. Das Leben ist so leicht geworden, seit ich angefangen habe, die Freude Anderer mitzufühlen, statt sie zu beneiden oder eifersüchtig zu sein. Wie sehr ich mir damit früher selbst im Weg gestanden und Leid verursacht habe, wird mir in diesem Moment noch einmal überdeutlich.

Wir drücken Meli noch einmal zum Abschied alle zusammen, und dann ist sie auch schon um die Ecke verschwunden. Wir setzen uns zurück an den Tisch in den Schatten und widmen uns noch einmal dem Frühstück. Ohne, dass Nathan erneut ein neues Gedeck holen müsste. Es ist schon etwas tolles, der eigenen Wahrnehmung trauen zu können, und ich sehe an seinem Grinsen, dass das SEINE Gedanken sind, die ich gerade mitbekomme.

Und auf einmal ist etwas wieder allgegenwärtig. Der Spiel-Modus, wahrgenommen aus der Beobachter-Perspektive. Alles ist wie in einem Spiel. Wie in Sims. Oder Age of Empires. Age of Empires LIVE. Ich seh uns WUSELN. Ich sehe die grünen Balken über Nathans und Samiras Köpfen, und fühle meinen eigenen auch. Ich sehe uns wie die Sims am Tisch sitzen und frühstücken, jeden jeweils gerade DAS tun, was gerade getan werden muss, damit das Gewünschte erlebt werden kann. Gesteuert von uns selbst. KönICHe eben.

Eben fühlte ich mich noch wie die Spielfigur, die ich jetzt einfach von außen beobachten kann. Ich wechsle bewusst wieder in die Ego-Shooter-Sicht und wieder in die 3rd-Person-Sicht und zurück und nochmal. Ganz bewusst bekomme ich den jeweiligen Unterschied im GEFÜHL mit. Und dann habe ich eine Idee. Es muss doch etwas geben, das es mir erleichtert, die 3rd-Person-Sicht länger bewusst wahrzunehmen. Ich erhebe mich vom Tisch, „bin gleich wieder da," und geh ins Haus. Ich finde was ich suche: einen kleinen Topf mit grüner Fingerfarbe. Ich stelle mich im Bad vor den Spiegel und male mir mit der Farbe einen grünen Balken quer über die Stirn. Ich grinse mein Spiegelbild an und sehe mich deutlich wie einen Sim, eine Spielfigur. Die ich SPIELE, aber nicht BIN. Ich BIN der Beobachter, der Spieler, KönICH meines Lebens.

Mit dem Topf in der Hand geh ich wieder raus an den Tisch, wo mich vier Augen verwundert ansehen.

„Schick," sagt Tamara, „neue Schmink-Mode?"

„Habt ihr Lust auf ein Experiment mit mir? Einfach mal gucken was passiert, wenn wir uns alle einen grünen Balken auf die Stirn malen? Es soll uns dabei helfen, uns zu vergegenwärtigen, dass unsere Körper, die wir nicht SIND, unsere Spielfiguren sind, die wir als dass was wir sind steuern und spielen. Eigentlich gehört der Strich ÜBER unsere Köpfe, aber ich denk, so geht es auch."

Die beiden haben keine Einwände und kurze Zeit darauf ihre Balken auf der Stirn.

Wir frühstücken in Ruhe zu Ende und quatschen noch ein wenig über dies und das. Ich folge dem Gespräch eher beiläufig und konzentriere mich voll aufs Fließenlassen. Eine ungeheure Lust auf diesen Tag in dieser Stimmung macht sich in mir breit. Am liebsten würde ich jetzt aufspringen und durch Nenni laufen. Und weil ich KönICH bin, sage ich das auch laut.

„Na, dann los!", sagt Nathan, „auf ins Abenteuer. Heute Abend ist Party am Feuer am Strand und bis dahin findest du mich am Turm, denke ich. Wir räumen hier auf, mach dir keine Gedanken um den Abwasch." Ich küsse ihn dankbar und lang, knuddle Tamara, und mache mich auf den Weg. Und bin zeitgleich am Ziel.

Frieden macht sich wieder in mir breit, als ich beginne, ziellos spazieren zu gehen.

Mit allen Sinnen nehme ich meine Umgebung wahr. Das kleine Häuschen, das langsam immer schöner wird. Die Wege darum herum. Ich sehe den Turm, der immer höher wird, von dem Nathan und die Anderen glauben, dass er funktionieren muss. Sie haben begonnen, die Tesla-Patente zu durchforsten, die letztes Jahr alle im Internet frei gegeben wurden. Wir gewinnen unseren Strom derzeit noch von den Solar-Paneelen auf dem Dach, aber Nathan meint, das sei nichts gegen das, was wir haben könnten, wenn wir auf Tesla-Technologie zurück greifen könnten. Und ich weiß, dass es gar nicht anders kommen kann, so überzeugt wie die Jungs davon sind. Egal, wie lang und oft beschrien wurde, dass Teslas Ideen Humbug gewesen seien. Das Radio und Leuchtstoffröhren funktionieren doch auch, und das waren auch Teslas Ideen.

Schwupps.. schon wieder abgedriftet. Diesmal bekomme ich es mit, bevor ich mich noch weiter diesen Gedanken hingebe, die mich gerade von dem ablenken, was um mich herum passiert.

Und von einem Moment auf den nächsten durchfährt mich eine Welle von WOHLSEIN. Ich atme mit allen Sinnen die Umgebung ein. Den Geruch der Blüten und Pflanzen um mich herum, den Singsang der Vögel und Insekten, den Geschmack auf meiner Zunge, die tolle Aussicht, die die Insel um diese Jahreszeit bietet, den Boden unter meinen Füßen, den seichten Windhauch, und wie er unter meine Bluse kriecht und mich

streichelt. Die Gänsehaut, die das Ganze in mir auslöst und mein Grinsen im Gesicht.
Ich schlage den Weg zum Strand ein, keine Ahnung warum, mein Gefühl sagt einfach: Da geht's lang. Ich denk an den Balken auf meiner Stirn und SEHE, wie ETWAS in mir führt, und etwas Anderes in mir folgt!
Ich fühle die Trinität: mein Ego (Spielfigur), meinen Geist und Es Papa. Und wie sie in diesem Moment ABSOLUT problemlos zusammenarbeiten, weil nichts davon irgendetwas infrage stellt, sondern alles alles akzeptiert und fließen lässt. Ich fühle kein Verlangen nach irgend etwas, und so ist der Raum zum GENIESSEN da.
Ich bemerke einen Frieden in mir, den ich früher nicht hatte. Und auf einmal wird mir der Unterschied bewusst. Früher war kein Frieden in mir, dafür aber etwas Anderes, das in diesem Moment fehlt: das „Laufen". Früher bin ich immer gelaufen. Entweder etwas hinterher oder vor etwas weg! Krass. Das habe ich nie so gesehen! Aber seitdem ich aufgehört habe, vor Dingen weg oder anderen hinterher zu laufen, ist das Leben der reinste Spaziergang geworden! Deswegen ist mein Leben heute so stressfrei. DAS ist der Unterschied, der mein Leben heute so extrem anders macht als früher.
Echt? Das ist alles? Einfach das Verlangen abschalten und der Frieden ist da? Mir fällt auf, dass er IMMER automatisch da war, wenn ich gerade KEIN Verlangen nach irgend etwas hatte. Kann es sein, dass der Frieden und die RUHE in uns der NORM-Zustand sind? Das

würde bedeuten, dass wir das IMMER fühlen könnten, wenn wir es nicht ständig durch ein Verlangen nach irgend etwas „deaktivieren". Ich scanne meine Erlebnisse, und kann auf keine einzige Erinnerung zurück greifen, die dem was ich gerade gedacht habe widersprechen würde. Das haut mich um.
Okay, wie schaltet man denn das Verlangen ab, wenn es da ist?
„Indem man sich auf etwas konzentriert, das gerade verfügbar und genießbar ist," sagt eine Stimme in meinem Kopf. Verwundert bleibe ich stehen. Es ist nichts Unnatürliches, solche Stimmen zu hören, irgendwas redet ja immer in unseren Köpfen. Aber das hier gerade ist anders. Ich höre die Stimme deutlich.
„Hallo? Ist da wer?" frage ich.
„Natürlich. Da ist immer wer," antwortet die Stimme mit einem Lachen. „Mach mal deine Augen zu und konzentrier dich, dann kannst du mich nicht nur hören, sondern auch sehen.
Ich tu wie mir geheißen und merke, dass ich dabei einen Dimensionssprung mache. Mein Bewusstsein wandert von der „realen Welt", der Erde, in eine Dimension, die wir eher mit „Phantasie" oder „Traum" bezeichnen, aber ich spüre deutlich, wie REAL sie ist.
Plötzlich steht eine Frau vor mir, deren Umrisse anfangs noch verschwommen sind, aber schnell immer schärfer werden.
„Hallo, ich bin Ella," stellt sie sich mir vor. „Kennen wir uns?" frage ich. Ich kann mich nicht erinnern, sie je

gesehen zu haben, aber ich FÜHLE, wie verbunden ich mit ihr bin.

„Ja, wir kennen uns, spätestens seit du MARY gelesen hast. Bei den Gedanken die Du gerade hattest, konnte ich kaum anders, als mich ein wenig einzumischen. Ihr ‚Menschen auf der Erde' habt gerade so wunderschön interessante Gedanken, und ich freue mich, wenn ich irgendwo zu besserem Verständnis verhelfen kann.

Worum es bei dir gerade ging ist die Frage, wie man etwas verhindern kann, das man nicht will. In deinem Fall war es das Verlangen nach etwas, das Euch, wie du richtig gefolgert hast, immer wieder aus der Ruhe bringt. Vielleicht hilft dir, was mir dabei gerade durch den Kopf ging. Komm, wir setzen uns ein wenig hier her."

Ich merke, dass ich gar nicht mehr auf dem Weg zum Strand bin, sondern mich jetzt mit ihr in einer wunderschönen Halle befinde, mit hohen Säulen und von einem sanften Licht durchflutet. In der Mitte befindet sich eine runde Vertiefung im Boden, ein Natur-Pool, an dessen Rand wir uns setzen und die Füße ins Wasser hängen. Ella schweigt noch eine Minute und schaut mich einfach an. Ich fühle mich überhaupt nicht unwohl, ihr Blick lässt auf keinerlei Erwartung mir gegenüber schließen, und es fühlt sich an, als würden wir uns schon ewig kennen. Dann plantscht sie mit den Füßen das Wasser auf und fängt an zu sprechen. Ich lausche aufmerksam.

"Wenn ihr Frieden wollt," sagt sie, "dann hört auf, Krieg und Unfrieden vermeiden zu wollen. Sonst seht ihr nur den Krieg, und könnt den Frieden nicht sehen, der iauch immer IST!

Wenn ihr liebe Menschen um Euch haben wollt, dann hört auf, Eure Aufmerksamkeit den Unfreundlichen und Stressigen zu schenken, denn sonst habt ihr keine Zeit für die Lieben.

Wenn ihr Schönes wahrnehmen wollt, dann hört auf, Eure Aufmerksamkeit den Nachrichten und unschönen Geschichten zu schenken. Wie wollt ihr SO Schönes sehen?

Wenn ihr EUCH finden wollt, dann hört auf, Eure Aufmerksamkeit ständig ANDEREN zu schenken. Das bedeutet nicht, dass ihr alle Anderen ignorieren sollt. Ich finde MICH in EUCH gerade SELBST, weil ICH den Impuls habe, Euch das hier zu sagen. Diese Worte sagen mehr über MICH als irgend jemand anderen aus. Und ICH weiß das, und finde mich darin.

Wenn ihr denkt ihr seid Opfer irgendwelcher äußerer Umstände, dann hört einfach auf, das zu denken. Weil es BLÖDSINN ist. Ihr seid Opfer Eurer EIGENEN Denkweisen, sonst gar nichts. Und das ist GUT, denn die könnt ihr nach Belieben ändern. Ihr tut es jeden Tag!

Wenn ihr nicht versteht was ich sage, dann schaut es Euch einfach noch ein Weilchen an. Man hat Euch sehr lange so viele Dummheiten als Wahrheit verkauft, dass es völlig normal ist, solcherlei Dinge nicht gleich zu verstehen. Weil sie EINFACH sind, und ihr gewohnt seid, KOMPLIZIERT zu denken."

Erstaunt schaue ich sie an. Und erkenne den Sinn ihrer Botschaft. Vor allem ihr letzter Satz hallt in mir nach.

„Ich verstehe," sage ich. Und das tu ich auch. Alles was sie sagt ergibt klaren Sinn für mich. Sie spricht von könICHlichem Verhalten. „Genau," sagt sie, weil sie meine Gedanken lesen kann, „deswegen wusste ich, dass es Sinn ergibt, DIR das gerade zu sagen. Ich wusste, du bist so weit, es zu verstehen. Der Balken auf Deiner Stirn steht Dir übrigens richtig gut"

„Hey, träumst du?" Die Stimme reißt mein Bewusstsein in die materielle Dimension „Erde" zurück. Vor mir steht Ronny Ludewig, den ich bisher nur aus dem Internet kannte. Er hat mit seinem Projekt „Frieden Rockt" viele Menschen erreicht und zusammen getrommelt, die den Frieden deutlich erlebbarer machen. Auch ein Weltfriedensinstallateur, auch wenn er sich nie so genannt hat. Wie kann es sein, dass ausgerechnet ER gerade vor mir steht? „In Nenni ist ALLES möglich, weil NICHTS ist wie es scheint," sagt Ella noch in meinem Kopf, „wenn Du mich brauchst, denk einfach an mich, ich bin immer da!"

Etwas verdattert antworte ich: „Nein. Also.. schon, aber es ist anders. Hallo, Ronny, ich bin Samira. Schön, Dich endlich mal persönlich zu treffen. Ich bin mir leider gerade nicht sicher, ob du wirklich vor mir stehst, ob ich gerade wirklich in der materiellen Dimension bin, oder träume. Ich merke nur, dass es völlig egal ist, weil es für mich nicht den geringsten Unterschied macht, und ich dich völlig real wahrnehme."

„Das ist krass, hast du so etwas öfter?" – „Um ehrlich zu sein, ja. Seitdem ich in Nenni lebe nehmen diese Dinge zu. Ich kann mich mit immer mehr Menschen in unterschiedlichsten Dimensionen unterhalten und bin dabei, diese Dimensionen genauer kennen zu lernen. Sie sind offensichtlich DA, und ich bin genauso offensichtlich schon immer durch alle hindurchgeflossen, anders kann ich es gerade nicht beschreiben. Kommst du eigentlich gerade vom Strand oder bist du auf dem Weg da hin?"

„Ich komme gerade von da, doch wenn du hin möchtest, komm ich gern auch noch mal mit. Kommst du von hier?" Ich merke wie ich diese Frage nicht klar beantworten kann. „Also im Moment lebe ich hier, ja." Gemeinsam schlendern wir weiter in Richtung Strand zurück, und ich erzähle ihm, was mir gerade passiert ist. Von Ella und dem was sie mir sagte, und den bewussten Dimensionswechseln. Und dann WEISS ich warum ich ausgerechnet ihn hier treffe. Ich fühle nach, um mich zu vergewissern. Das Gefühl bleibt. Er weiß nicht wer ich bin. Weil er 2020 nicht gelesen hat! Er hat keine Ahnung von Nathans Geschichte, und ist somit einer von denen, die immens dabei geholfen haben, diese Vision umzusetzen, OHNE sie zu kennen. Naja, das stimmt so auch nicht ganz. Irgendwie ist die Vision in 2020 schließlich keine, die Nathan allein gehabt hat. In diesem Moment wird mir klar, dass einfach sehr viele Menschen mit dem was gerade und bis 2020 passiert in RESONANZ stehen. Und das hat nichts mit dem Buch zu tun, eher umgekehrt. Ich schaue ihn dankbar an und freue mich über diese Begegnung. Ich habe ihn immer schon bewundert für das was er erreicht hat. All diese

Menschen zusammen zu führen ist eine Gabe, und Ronny Ludewig hat sie nicht nur, sondern er hat sie auch genutzt. Weil er so fest an diese Idee einer friedlichen Welt glaubt wie wir. Und sich nicht hat beirren lassen. Liebe, Dankbarkeit und Wertschätzung machen sich in mir breit, und ein Grinsen in meinem Gesicht. Ich drehe mich im Gehen zu ihm, stelle mich vor ihn und nehme ihn in den Arm.
„Danke," sage und FÜHLE ich. Er erwidert meine Umarmung und fragt: „Wofür?" – „Dass du DU bist, dass du machst was du machst und gerade diesen Moment mit mir teilst. Damit hätte ich einfach nicht gerechnet." Wir lösen uns aus der Umarmung und er fragt nach dem Balken auf meiner Stirn. Ich erkläre es ihm und dann gehen den Weg zum Strand weiter, ohne ein weiteres Wort zu sagen. Irgendwie ist dieser Moment heilig, wir haben keine Ahnung warum, aber wir scheinen es beide zu fühlen. Ich schau ihn an und sehe, dass er auch gerade irgendwo in seinen Gedanken und Gefühlen unterwegs ist. Ich genieße den Moment und wir erreichen den Parkplatz. „Träumst Du?" frage ich, und wir lachen. „Frieden Rockt," sagt er. „Ich weiß," antworte ich.

Der Strand ist gut gefüllt mit Menschen. Bei Weitem nicht überlaufen, aber definitiv nicht leer. In Gruppen sitzen Menschen zusammen, spielen, lesen, lachen, schwimmen, unterhalten sich, singen, spielen Gitarre oder trommeln und genießen die Sonne und den Tag. Eine Gruppe von Leuten ist damit beschäftigt, den

Strand mit Bäumen zu säumen. Ich sehe passieren, wovon ich Nathan im Jahr 2020 schon erzählt habe, und bekomme eine Idee davon, wie es hier in drei Jahren aussehen wird. Alles so, wie er es beschrieben hat. Alles so wie es sein soll.

„Samiiiraaa!!!" hallt es mir entgegen. Ein Engel mit langen roten Haaren springt auf, läuft auf mich zu und mir so wuchtig in die Arme, dass wir beide zu Boden fallen. Sie knutscht mein ganzes Gesicht ab und wir wälzen uns auf dem Boden. Anne. Du wunderbares Wesen. Anne hat auch ein Projekt im Internet. „Spirituelle Hilfe zur Selbsthilfe". Auf ihren Seiten habe ich sehr viele für mich hilfreiche Gedanken gefunden, und so habe ich sie auch irgendwann kennen gelernt. Vor allem durch ihre Aktion „Unterhalte Dich mit einem Fremden". Spätestens seit KönICH veröffentlicht wurde, sind wir Schwestern. Sie war die Erste nach Nathan, mit der ich angefangen habe, bewusst KönICH Sein zu trainieren. KönICH Sein trainieren und spirituelle Hilfe zur Selbsthilfe passte zusammen wie Deckel auf Eimer.

Wir registrieren, dass wir nicht allein am Strand sind, und Ronny immer noch neben uns steht. „Ronny?" platzt es aus Anne heraus, „Ronny Ludewig? Wie geil ist das denn? Sorry, Süße, aber du bist gerade abgemeldet!" Sie grinst mich an, und während die Beiden sich begrüßen und in ein Gespräch verwickeln, lasse ich meinen Blick um mich herum schweifen, immer noch auf dem Boden sitzend, und genieße den Anblick: Alles ist so friedlich. Die meisten hier sind völlig nackt, wie es inzwischen immer üblicher wird. So langsam kommt es aus der Mode, sich für seinen Körper zu schämen, und für viele ist es wie ein Befreiungsschlag, einfach nackt zu sein.

Ich sehe dicke und dünne Menschen, schwarze und weiße, Männlein und Weiblein, und alle sind gleich. Und alle haben einen grünen Balken über dem Kopf.

Ich muss grinsen, und mein Blick gleitet raus aufs Meer, wo Boote in alle Richtungen unterwegs sind. Erstaunlich viele. Was daran liegen mag, dass viele Boote jetzt nicht mehr 50 Wochen im Jahr als Status-Symbol vor sich hindümpeln, sondern allgemein genutzt und gepflegt werden. Über allen von ihnen sehe ich einen grünen Balken. Ich bin mitten im Spielmodus.

Dann sehe ich ein Boot, das ich nur zu gut kenne: Die *Felix*, KönICH Eigis Katamaran. Eins der wenigen Boote, das schon seit Jahren sinnvoll genutzt wird, weil er und Katy darauf wohnen. Sie müssen also auch hier sein.

Ich stehe auf, genieße kurz den Anblick, den Anne und Ronny gerade bieten, die in inniger Umarmung eng umschlungen einen Meter neben mir stehen und offensichtlich gerade völlig woanders sind. In IHREM Hier und Jetzt, in ihrem Moment. Mitten drin in dem, was ihnen niemand nehmen kann. Ich fühle die Liebe zwischen ihnen in mir hoch steigen und genieße das Gefühl. Ich atme es tief ein und drehe mich wieder dem Strand zu.

Ich gehe ein paar Schritte und dann sehe ich eine Gruppe von Leuten da sitzen, die alle einen grünen Balken auf die Stirn gemalt haben! Ich schau genauer hin und erkenne sie. Überrascht steuere ich auf sie zu. Da sitzen die Twin Boys, Nofretete KönICH alias Nancy Cassandra Pierkes, der Roban, Eugen von *flowfinder.de*, der Drachenlord, der Verdeckte Vermittler (wie geil is das denn?!), Gunnar Gast von der WIR-Karte und Love-Police Köln, Kevin Samuel, Norbert Brakenwagen von *TimeToDo.ch*, der Segelohrenbob, Sabine vom Engel-Orakel, der Öff-Öff von der Schenker-Bewegung, mit dem zusammen Bauchi damals seinen Perso zerschnitten hat, Letti und Ronja von *#SeelenKram,* Amok Alex und Frank Stoner, Klaus Glatzl von *okitalk.com*, Marianna Jermakova und noch etliche andere, die ich nicht kenne, die mir aber irgendwie bekannt vorkommen.

Alle Aufgezählten haben jedenfalls Eines gemeinsam: Sie sind allesamt Youtuber, deren Kanäle man sich definitiv mal ansehen sollte. Ich kenne sie nicht nur alle durch ihre Videos, sondern habe von ALLEN von ihnen etwas gelernt, vor allem im Bezug auf Bewusstheit und Eigenständigkeit. Was für eine illustre Runde, wieso sind die alle hier und wieso haben die grüne Balken auf der Stirn? Ich bin leicht irritiert, als Nancy mich als Erste erkennt, aufspringt und auf mich zu fliegt. Ich meine das wörtlich! Sie FLIEGT auf mich zu. Landet sanft vor mir und strahlt mich an. Mein Gesicht muss zu komisch aussehen, und sie prustet los:

„Wat is denn mit Dir los, Schätzeken? Du siehst aus als hättest Du einen Geist gesehen! Weil ich geflogen bin? Wunderst Du Dich? Ich hab doch immer gesagt ich hab Flügel. Wollte mir halt keiner glauben, aber das is ja nich mein Problem!" Sie strahlt mich an. „Schön dattu da bis, wir ham schon auf dich gewartet," sagt sie und drückt mich fest. Ich bin mir gerade nicht ganz sicher, ob ich einen Dimensionssprung verpasst, also nicht bewusst mitbekommen habe. Die ist gerade vor meinen Augen geflogen! In welcher Realität bin ich gerade? Bin ich auf der Erde oder in Nenni? Unabhängig davon, dass die Erde auch in Nenni wahrgenommen werden kann, aber eben nicht umgekehrt, frage ich mich, ob die Anderen um uns herum das auch gesehen haben. Meine Sinne schärfen sich, mein Fokus ist klar und konzentriert. ICH bin in Nenni, so viel steht fest. Zu viele Fragezeichen poppen auf meinem Bildschirm auf. Ich gebe mich ihnen bewusst nicht hin, wische sie zu einem zusammen, das ich an den Rand schiebe und weiß, was zu tun ist: Einfach den Film weiter gucken.
Beobachten, was passiert.
Ich grüße erst einmal etwas verdattert in die Runde, und werde mit einem großen Hallo empfangen. Anscheinend ist meine Ankunft niemandem entgangen, und ich erblicke freudige Gesichter.
Ich setze mich, und blicke etwas verlegen in die Runde, deren Augen ausnahmslos auf mich gerichtet sind. Erwartungsvoll schauen sie mich an, und ich weiß nicht, was ich tun soll.

„Ähm.. hab ich irgendwas verpasst? Ich hab nicht damit gerechnet, Euch hier zu treffen, aber ihr scheint mich alle erwartet zu haben. Und wieso habt ihr alle grüne Balken auf der Stirn? Ich hatte die Idee erst vorhin beim Frühstück, um mir das Spielen leichter zu machen."
„Na, Du hast uns eingeladen, aber das kannst du noch nicht wissen, weil du es in dieser Szene erst tust. Nicht wirklich direkt, aber ausreichend bemerkenswert, dass es offensichtlich funktioniert hat," sagt die Frau, die neben mir sitzt. Ich hab sie nie gesehen, aber ich erkenne ihre Stimme.
„Oh mein Gott, du bist Jasinna!" platzt es aus mir heraus. Sie lächelt und sagt „Herzlich willkommen im Hier und Jetzt, in DIESEM Moment!"
Krass. Wie krass! Was machen die alle hier? Und was meint Jasinna damit, ich hätte sie alle eingeladen? Und das erst jetzt, obwohl sie alle schon hier sitzen?
Und dann sitzt JASINNA neben mir! „DANKE für Deine Vids," sage ich, „die haben mir mitunter sehr geholfen!" Jetzt meldet sich Roban. „Schön, dass Du da bist. Wir sind hier, weil wir *KönICH* gelesen haben, und darin diese Geschichte. Diesmal ist es keine Zeitreise, sondern eine Reise durch die Dimensionen unseres Bewusstseins. Wir sind in Nenni, und im Moment auch alle auf Mallorca, weil Du in Kürze eine tolle Idee hast, der wir gern nachgekommen sind. Die Balken auf der Stirn sind tatsächlich deine Idee gewesen, und wir laufen aus genau dem Grund schon eine Weile damit herum. Es ist wie eine lustige Mode geworden, an der

wir andere Onmind-Surfer, oder KOPF-User erkennen. Bewusste Mitspieler eben."
"Is nich dein Ernst!" entfährt es mir.
"Doch, das ist echt cool!" ruft ein Mädchen aus der Runde. Erst jetzt erkenne ich sie. Das ist Shirin Pierkes! Natürlich, sie ist ja auch wieder bei ihrer Mama! Ich freue mich so, sie zu sehen, dass ich fast anfange zu weinen. Wie oft hab ich letztes Jahr bei den entsprechenden Stellen mit angerufen, wie viele Mails und Faxe geschickt, mit so vielen Anderen zusammen, bis es irgendwann hieß: *"Shirin Pierkes ist wieder bei ihrer Mutter! Das Jugendamt und die Gerichte haben keine Lust mehr auf den Fall!"* Das war erst der Anfang einer Befreiungsaktion vieler anderer Kinder und Menschen. Shirin wurde für uns zur Ikone, zu einem Beispiel dafür, was wir erreichen können, wenn WIR ALLE ZUSAMMEN arbeiten. Jeder für sich, aber alle gemeinsam. Zu Hunderten riefen wir über Wochen an und nahmen den entsprechenden Stellen die Möglichkeit, sich noch mit irgend etwas Anderem zu beschäftigen. Ein weiteres Mal kam von Seiten der Behörden das Wort „Desaster" auf den Tisch. Und dann knickten sie ein und holten Shirin aus ihrer Pflegefamilie, um sie Nancy zurück zu bringen. Und danach nie wieder was mit den beiden zu tun haben zu wollen. Am nächsten Tag gingen die nächsten Telefonnummern zu anderen Fällen raus, und dann kam eine Welle, die die Behörden schwer verkraften konnten:

Wir wandten die selbe Technik an, um den Regierungen zu kündigen. Es gab einen Weltweiten Aufruf, und sehr viele Menschen haben ihm Folge geleistet. Freiwillig, und auch nur die, die einen Sinn darin sahen.

Wir riefen bei unseren Regierungen an, mindestens dreimal am Tag, mindestens einen Monat lang, faxten und mailten Kündigungen. Um uns dann als KönICHe uns selbst und unseren Möglichkeiten zu widmen. Da kam dann auch das IHR, *das Intergalaktische Hilfs- und Rettungskommando* ins Spiel.

Die, die bei der Kündigungsaktion mitgemacht haben, fingen an, im Rahmen des IHR freistehenden und verfallenden Wohnraum und überschüssige Ware zu nutzen, und verhalfen sich damit selbst zu einer neuen Existenzgrundlage.

Das IHR besetzt explizit keine Häuser, sondern RETTET sie. Das tut man, indem man in der Zeit, in der man in einem Haus wohnt, dafür sorgt, dass es gepflegt und repariert wird und ist. So hat Nathan auch das kleine Häuschen gerettet, in dem wir gerade wohnen, und das 2020 wohl noch schöner aussehen soll.

Wer im Rahmen des IHR ein Haus rettet, tut das ohne weiteren Besitzanspruch.

Wir scouten leerstehende Häuser, markieren sie in der IHR-Karte in drei Kategorien:

Rote *Häuser stehen leer, warten darauf, gerettet zu werden.*

Gelbe *sind bereits bewohnt und werden gerettet, aber es ist noch nicht klar, ob es einen Besitzanspruch eines Aanderen gibt.*

***Grüne** sind gerettet und FREI, bedeutet: der ehemalige Besitzer ist gefunden und hat das Haus freigegeben.*
Sitzt man in einem gelben Haus, und es kommt jemand mit einem Besitzanspruch, ist es für uns kein Problem, für die Unterkunft so weit zu danken, gern zu zeigen, was wir schon alles gemacht haben um Haus und Grundstück zu verschönern, unsere Sachen zu packen und einfach ins nächste auf der Karte markierte Haus zu ziehen. Simpler geht's nicht.
Und all das wäre ohne ein bestimmtes Mädchen gar nicht passiert: Shirin Pierkes.
„Es ist WIRKLICH cool! Als Mama mir davon erzählte hab ich's sofort verstanden! Ich hab mir einen grünen Balken auf die Stirn gemalt, und der Mama auch. Wie in Sims! Ganz einfach! Und man steuert sich selbst. Ich hab sogar ein Video dazu im Netz gemacht." Ihre Worte betören mich. Ich kann mich an dieses Video erinnern, ich habe es gesehen! Also kannte ich das mit dem Balken schon, als ich die Idee heute morgen hatte! Ich fühle mich wie in einem Déjà-vu, aber es ist anders.
Es ist kein Déjà-vu! Ich bin in NENNI! Jenseits von Raum und Zeit, und in DIESEM MOMENT!
„Weißt du was das Tollste für mich war? SELBST Spiele für die KOPF-Konsole zu erfinden! Und das hab ich irgendwie schon gemacht, bevor ich es so kannte. Am coolsten find ich PokemonGo-LIVE!" Jetzt mache ich Große Augen und lausche gespannt, auch die Anderen hören ihr zu.
„Als ich noch vom Jugendamt entführt und in der Pflegefamilie war, durfte ich kein Handy haben. Alle

anderen Kinder spielten PokemonGO, und ich sah sie die ganze Zeit etwas für mich Unsichtbarem hinterher laufen und mit ihren Händen Wischbewegungen machen. Ich wusste, dass sie Pokemon sehen, aber so toll fand ich Pokemon gar nicht. Also hab ich mir was anderes einfallen lassen. Ich dachte mir, viel cooler als Pokemon auf einem Handy sind doch wirklich glückliche Momente. Also machte ich alles was nach einem Glücklichen Moment aussah zu einem Pokemon. Ein Eis, oder eine Umarmung, oder irgendetwas anderes Tolles, das ich nur machen musste um einen glücklichen Moment zu haben.

Und dann lief ich OHNE Handy draußen herum und wischte über alles was für mich ein Pokemon war. Die Handbewegung kann man ja auch ohne Handy machen! Und bei allem was ich gewischt habe, konnte ich das Pokemon dann auch einlösen und hatte WIRKLICH was davon. Zum Beispiel eine Viertelstunde auf der Schaukel. Unbezahlbar!

Nach einer Weile kamen die anderen Kinder zu mir und wollten wissen was ich mache. Sie sahen mich wischen und kurz darauf immer lachen. Davor war ich immer eher traurig und grantig, weil ich zu meiner Mama zurückwollte. Ich erzählte es ihnen und auf einmal wollte keiner mehr PokemonGo Spielen. Alle Spielten PokemonGo-LIVE!

Dann klingelte es irgendwann an der Tür, und zwei Männer und zwei Polizisten standen davor. Die Männer sagten, sie haben einen Beschluss und ich soll meine Sachen packen, sie müssten mich mitnehmen und zu meiner Mama zurückbringen. So schnell habe ich noch nie irgendwas zusammengepackt, und meine Hand hat die ganze Zeit diese Wisch-Bewegung gemacht. Und dann haben die beiden Polizisten mich zu Mama gebracht. Sie waren sehr nett. Und spielen jetzt auch PokemonGo-LIVE!" Sie grinst und strahlt in die Runde. „Und jetzt WISCH ich ins MEER!!" ruft sie, springt auf rennt zum Wasser.

„Is das alles wahr?" frag ich, an Nancy gewandt.

„Zumindest spielen wir alle PokemonGo-LIVE" lacht sie. Irgendwie ist das alles so surreal. Ich meine, ich erlebe es VÖLLIG real, aber es ist dennoch alles wie in einem Traum. Es ist beides gleichzeitig. Ich merke wie die Dimensionen shiften, ich merke, wie ich WIRKLICH ausschließlich DAS sehen kann, was ICH SEHE. Dass für mich ALLES so ist wie ICH es sehe, und gar nicht anders sein KANN. Und dennoch passieren hier gerade Dinge, die mich von den Socken hauen. Ich bin immer noch nicht ganz darüber weg, das Nancy eben geflogen ist.

„Wir sprachen eben darüber, wie wir alle zusammen mehr Erdlinge nach Nenni einladen können. Wir wissen, dass es da draußen noch viele gibt, die mit Sicherheit auch lieber hier als auf der Erde mit ihren komischen Rahmenbedingungen leben würden, wenn sie denn einen Zugang dazu hätten oder wüssten," sagt jetzt Kevin. „Wir haben uns hier zusammen gesetzt, um zu überlegen, was für Videos wir zusammen machen können, um einfach mehr Menschen zu erreichen. Irgendeine Aktion, die man nicht so leicht übersehen kann. Hast du eine Idee?"

Ich überlege kurz, dann platzt es aus mir heraus: „Lasst uns doch diesen Sommer 2017 ein Friedensfestival auf Mallorca starten. Hier kann man so billig hinreisen, und so billig Hotels bekommen, dass man es sich bestimmt leisten kann, eine Weile dabei zu sein. Wir machen das über den ganzen Sommer. Irgendwie hier unterkommen ist kein Thema, man kann prima in El Arenal ein Hotelzimmer haben, und tagsüber auf der Insel machen was man will. Die Inselbewohner wird freuen, ein paar mehr KönICHe hier zu haben und dafür ein paar weniger Sauf-Touristen. Dann können wir uns hier an den Stränden treffen und wie im Ella-Camp alle voneinander lernen und miteinander das Leben genießen. Ja, das würde mir gefallen - ganz Mallorca erobert von Hippies und Freidenkern und KönICHen, einen ganzen Sommer lang. Jeder kommt und geht wie es ihm passt, es gibt nichts offizielles, es ist einfach nur ein Sammelort für KönICHe, hier könnten wir Nenni erleben und es gemeinsam so lange als Kollektiv wahrnehmen, bis es mindestens genau so real ist wie die Erde. Was glaubt ihr, was ihr DANN für Videos machen könnt und wie viele Leute DAMIT erreichen.."

„Nun ja", sagt Gunnar, „und hier sind wir! Hier ist der Moment, in dem du die Einladung ausgesprochen hast und sie angenommen wurde. Ebenso wie der, in dem jeder von uns hier angerreist ist und jeder andere.

„Ihr seid hier, weil ich das gerade gesagt hab? Aber das war doch nur ne Spinnerei!"

„Ja, aber guck dich mal bitte um. Siehst du hier irgendwen sitzen, den man noch nicht als Spinner bezeichnet hätte? Ich schätze, das ist das Los, das KönICHe ziehen. Von anderen nicht verstanden zu werden. Aber wir hier waren uns augenscheinlich ALLE einig, dass ein wenig „Sommer auf Mallorca in Nenni im Frieden" stimmig klang, also Danke für die Spinnerei gerade. Und Danke für die Einladung. Die war für uns alle ein Pokemon!"

Ich kann es erst so langsam fassen, aber sie sind echt alle hier! Und anscheinend, weil ich gerade eine lustige Idee hatte. Das bedeutet aber, dass diese lustige Idee völlig REAL ist. In DIESEM Moment. Für ALLE von uns. Egal in welchem Moment auch immer DU Dich gerade befinden magst. Merkst Du es? Die REALITÄT in ALLLEM? Wenn nicht, is nich schlimm, komm einfach 2017 nach Mallorca. Oder 2018. Egal wann. Ab März ist es wieder schön und bleiben kann man locker bis Oktober/November. Oder auch ein ganzes Jahr. Oder zwei. Das IHR macht's möglich.

„Also ICH," sage ich, und mache eine Wischbewegung Richtung Wasser, „mach jetzt was Shirin macht, wer kommt mit?" Ich springe auf, reiße mir meine Klamotten vom Leib und sprinte in Richtung Wasser. Mit einem Riesen-Geschrei kommt mir die ganze Meute Grün-Gestirnter hinterher. Ausgelassen planschen wir im Meer, tauchen, werfen Bälle, werfen Shirin und die anderen Kinder, liegen uns in den Armen, kuscheln, lassen uns treiben und genießen den Moment. Keiner denkt hier gerade an gestern oder morgen.

Nach und nach begeben wir uns wieder an den Strand, und auch ich stehe irgendwann wieder nackig in der Sonne und lass mich trocknen. Ich schau über den Strand und frage mich, ob die alle meinetwegen hier sind. Doch noch weiß nicht, dass dieses Jahr ALLE von uns EIN Puzzleteilchen des GANZEN sind. Mein Kopf hat's begriffen, aber mein Herz lernt es gleich erst. Ich fühle, wie ich als der Surfer in die entsprechende Richtung steure. Der Avatar SAMIRA mit ihrem grünen Balken über dem Kopf setzt sich in Bewegung. Die Illusion ist perfekt. Ich tauche ins Ego zurück und nehme in fünf Sinnen meine Umwelt wahr. Realer geht es nicht.

In einer Gruppe von Leuten, die mir auch alle bekannt vorkommen, sehe ich SEOM! Patrick Kammerer, der so wundervolle Texte rappt und Seminare zu den Themen gibt, mit denen sich auch seine Songs beschäftigen. Keine Frage, dass ich mich zu ihnen geselle.
„Hey, Samira! Setz dich zu uns! Wo ist Nathan?" begrüßt mich Mario Walz, als ich zu der Gruppe stoße. Er steht auf, um mich mit einer Umarmung zu begrüßen. Wir kennen uns schon eine Weile, er ist sehr aktiv. Mit seiner „Parallel-Gesellschaft" hat auch er viele Menschen zusammengesammelt, etliche Bücher geschrieben und hat ein gutes Gespür für Energien. Ich mag ihn sehr und genieße, ihn im Arm zu halten. Er verbreitet Ruhe, und ich tanke mich damit auf. Dankbar schauen wir uns in die Augen und nicken.

Die Anderen stehen auch auf und begrüßen mich. Einige kenne ich, andere noch nicht. Aber da sind Bruno Würtenberger, und ich freue mich sehr, ihn zu treffen, GOR Timofey Rassadin, der mir tief in die Augen schaut, seine Stirn an meine legt und fragt:
„Du bist mitten im Hyperraum, richtig?" – „Ja, sieht man mir das an?" – „Weiß ich nicht, aber ich kann es gerade sehen."
Dann steht auf einmal Rüdiger Dahlke vor mir, von dem ich etliche Bücher gelesen habe. Veit Lindau, dem ich zu verdanken habe, dass ich mit mir selbst verheiratet bin. Und damit frei für alle Anderen. Vor allem für Nathan. Bahar Yilmaz, Bettina Hallifax, Daniela Hutter, Ralf Giesen, Alexander Wagandt, Robert Franz, SEOM, Sarah Lesch (juhuuu!), Selma Montana, Robert Stein von *stein-zeit.tv*, Joe Conrad und Dagmar Neubronner von *bewusst.tv*, die ich beide sehr herzlich begrüße, alles Leute von gewissem Bekanntheitsgrad unter KönICHen. Was machen die hier alle?
Wir setzen uns wieder, und man widmet sich einem allgemeinen Plausch. Meine frage beantwortet Mario Walz:
„Also, eigentlich sind wir alle hier, weil uns irgend etwas hierhergezogen hat. Man sagt, unter Mallorca liege ein gigantisch großer Kristall, der eine ganz bestimmte Energie ausstrahlt. Keiner von uns hat ihn gesehn oder Nachweise dafür, aber wir fühlen alle diese Energie, die diese Insel so besonders macht. Nicht umsonst sind hier in diesem Sommer so viele von uns und laufen sich überrascht über den Weg. Es gibt die

unterschiedlichsten Gründe, aus denen wir hierhergekommen sind. Die Einen, weil sie einfach Urlaub machen wollten, andere wegen des GreatLife.Kongresses, der hier diesen Juli stattfindet. Wieder andere sind wegen des IHR hier, dann sind viele wegen Juliane Schiffner und ihrem *SoulHoliday Mallorca* hier. Und *DIMA Mallorca* haben auch viele Leute erreicht. Und viele von den Tollsten hier sind die Einheimischen. Sie empfangen uns sehr herzlich und offen. Irgendwie ist hier dieses Jahr so etwas wie ein nicht abgesprochenes Gipfeltreffen souveräner freier Menschen, die sich über die Regeln und Denkweisen der Gesellschaft hinweg entwickelt haben und sich hier zusammenfinden, um von hier aus gemeinsam eine andere Richtung einzuschlagen. Hier herrscht ein großer Geist von „Punkt ohne Wiederkehr". Wir entwickeln hier gemeinsam so schnell so viele Alternativen, und es geht so spielerisch von der Hand. Alles ist hier auf einmal so einfach. Alle gehen so liebenswert und respektvoll miteinander um und so hat hier jeder das Gefühl, genau richtig zu sein. Viele sind ohne Rückflugtickets hier, bei den Preisen ist das kein großes Risiko. Aber es gibt ein Gefühl von Freiheit, und selbst bestimmen zu können wie lang man hier bleibt und was man macht. Jeder wuselt hier umeinander und du läufst ständig jemandem über den weg, der ähnliche Interessen hat wie du. Trotzdem lässt Dich jeder in Ruhe, niemand drängt sich dir auf, hier gibt es keine Gurus oder Helden mehr. Wir sind alle unsere EIGENEN Gurus und Helden, und helfen uns dabei, das auch so zu

sehen. Hier kann jeder von jedem lernen. Auf dieser kleinen Insel, die gerade mal 70 mal 100 Kilometer misst, existiert eine eigene kleine Welt, die wir alle kollektiv bilden und wahrnehmen. Der Schöpferprozess wird hier so überdeutlich. WIR erleben was WIR wahrnehmen, WIE WIR es wahrnehmen WOLLEN. Und hier ist es so leicht, das auch wieder sehen zu können, weil man hier das SCHÖNE in allem sehen DARF. Das war halt früher recht schwer, als wir uns die ganze Zeit Bilder von scheußlichen Dingen unter die Nase hielten, und es für WICHTIG hielten das zu tun. Obwohl kein Mensch wusste, was er dagegen machen sollte.
Schön zu sehen, wie viele heuer hier sind und aufgehört haben, etwas gegen die Missstände der Alten Welt zu tun und stattdessen angefangen, eine neue Welt OHNE solche Missstände aufzubauen. Und da ist es SEHR dienlich, wenn man es für WICHTIG hält, SCHÖNES zu sehen. Beantwortet das deine Frage ein wenig?"
„Ja, ich denke schon. Das bedeutet: Hier treffen gerade unterschiedlichste kompatible Welten zusammen um das zu tun wovon wir alle die ganze Zeit geträumt und worauf wir gewartet haben?"
„Genau. Eine davon bist Du. Warum bist DU denn eigentlich hier?"
„Ich lebe hier." – „Ja, seit ein paar Monaten, schon klar. Aber warum denn eigentlich?" – „Na, weil ich Nathan getroffen hab und mit ihm hier her gekommen bin um das Häuschen zu retten." – „Da hast du es. Das ist DEIN Grund. Aber die Wirkung ist eine völlig andere, und du siehst mit Sicherheit inzwischen auch andere Gründe

für dein HIER sein, oder?" – „Du meinst, dass ich die anderen hierhergeholt habe?" – „Keine Ahnung wovon du sprichst, aber ich denke Du weißt es sehr genau. Siehst du, wie NICHTS was wir tun nur EINEN GRUND hat? EINE URSACHE vielleicht, aber alles was wir tun, ist Teil von etwas Ganzem. Und das führt uns hier dieses Jahr alle wie magisch zusammen. Auf dieser magischen tollen Insel. Und hier zeigen wir uns, dass offensichtlich ALLES möglich ist."

„Ja, zum Beispiel Fliegen. Habt ihr das eben gesehen? Die Nancy ist geflogen. Vor meinen Augen!" – „Ja, ein paar von uns haben es auch gesehen," sagt jetzt Bruno Würtenberger. „ Aber das gehört eben zu den Dingen, die hier gerade möglich werden. GOR erzählte eben von dem Hyperraum, den ihr KönICHe *Nenni* nennt, und wieder andere noch ganz anders. Es ist ein und das Selbe, eben unser INNEN. Da uns hier immer bewusster wird, dass ALLES möglich ist, und gerade kaum etwas in der Lage ist, uns von dieser Sichtweise abzulenken, lösen sich immer mehr Leute von dem Denkkonzept, das sie früher Erde nannten. Das sich aus all dem zusammen setze, was wir darin über die Erde gedacht haben. Schwerkraft ist EINE dieser Rahmenbedingungen, mit denen man auf der Erde zu tun hat, aber eben nur auf der Erde. WENN man denn denkt, man IST auf der Erde, unterliegt man der Schwerkraft. Hat man verstanden, das wir als reines Bewusstsein alles was wir wahr nehmen lediglich um uns herum projizieren, fängt man automatisch an, damit zu spielen. Einige sind tatsächlich so weit, dass sie fliegen

können, allerdings auch das nicht auf der Erde. Zumindest NOCH nicht. Eigentlich müsstest Du es auch können. Hast Du es in Nenni schon einmal probiert?"
„Nein, eigentlich nicht" sage ich verwundert. „wenn ich ehrlich bin, bin ich noch nicht einmal auf den Gedanken gekommen."
„Mach's doch einfach mal," sagt jetzt die hübsche Frau neben Robert Stein, die sich mir eben als Anna Maria August vorstellte. Auch ihr Gesicht kenne ich aus Videos. Sehr sympathisch. „Du brauchst es nur zu fühlen. So wie Du gehst oder läufst oder dich hinsetzt. Dein Körper braucht dafür keine verbalen Befehle oder irgendwelche Zauberkräfte. Konzentrier Dich einfach auf das Gefühl zu fliegen. Schau. Es ist ganz einfach!"
Leicht wie eine Feder erhebt sie sich vom Boden ohne eine weitere Bewegung zu machen. „Wenn es dir hilft, kannst du dir vorstellen, dass du Flügel hast, mit denen du fliegst. Du kannst dir aber auch einfach vorstellen, du kannst fliegen wie Supermann." Und damit schießt ihr schlanker nackter Körper nach oben, ich sehe noch, dass sie sich streckt, und dann nur noch einen kleinen Punkt, der eine weite Schleife fliegt, wieder hoch über unsere Köpfe zurück kommt, senkrecht wieder herunter, und in der nächsten Sekunde landet sie mit einer Poser-Helden-Landung auf einem Knie wieder vor mir und schaut mir direkt in die Augen. „So!"
Ich muss erst mal fast hysterisch lachen. Mein Verstand weigert sich, zu glauben was er gerade gesehen hat. Aber nicht für lange. Er fängt sich und schaltet um auf INTERESSE. „Fühl es, tief in dir," sagt Anna.

Ich schließe die Augen und konzentriere mich. Ich stelle mir Flügel auf dem Rücken vor, so scheint es mir leichter zu fallen. Ich recke meinen Rücken, fühle wie die Flügel beginnen zu schlagen und merke plötzlich, wie der Druck unter meinem Popo leichter wird. Ich öffne die Augen, und SEHE, wie ich mich vom Boden abhebe. Vor Schreck falle ich erst einmal wieder runter. Aber es hat funktioniert! Nur ein paar Zentimeter, aber ich bin geflogen! „Starte mal im Stehen," schlägt Anna vor. Ich stehe auf und geh ein paar Schritte in Richtung Meer, da packt mich das Gefühl der schlagenden Flügel wieder und reißt mich regelrecht mit. Und dann fliege ich. Langsam, immer höher, ich höre die Grün-Gestirnten applaudieren, und auf einmal fühle ich mich sicher, als hätte ich nie etwas Anderes gemacht. Es ist absolut leicht. Ich muss nicht überlegen wie ich mich steuern soll, mein Körper folgt einfach dem Gefühl. So, wie wenn ich rechts oder links gehe. Nur das ich ihn jetzt nach rechts, links, vorne, hinten, oben UND unten bewegen kann. Ich fliege frei umher. Doch ich merke, dass es mich anstrengt. Auch das Fliegen braucht seine Energie, und meine jungen Flügel brauchen wohl noch ein wenig Training. Langsam lasse ich mich wieder nach unten sinken, in den Kreis der Gruppe, und lande sanft auf dem sandigen Boden. Jetzt klatschen alle, und ein paar andere gucken verwundert zu uns rüber.

„Die haben es nicht gesehen," sagt GOR, „sie sind auf der Erde. Sie hätten es nicht einmal wahrnehmen können, wenn du es direkt vor ihrer Nase getan hättest. Für sie ist sowas noch etwas Unmögliches. Noch. Für

Deinen Verstand war es das eben auch noch, aber dein Verstand hat sich schon aus den Denkmustern der Erde gelöst. An den Punkt kommen sie auch noch. Sie brauchen noch ein paar mehr Zugänge zum Hyperraum, nach Nenni."
Das ist alles zu krass, das muss ich Nathan erzählen. Wie der gucken wird! Ich erzähle noch allen von Wunsch-Andis Idee und dem Lagerfeuer heute Abend, und dass alle eingeladen sind. Dann geh ich noch zu den Grün-Gestirnten, erzähle das Gleiche, während ich mich wieder anziehe und rufe „Gruppenumarmung!!"
Alle springen auf und wir liegen uns bestimmt fünf Minuten in den Armen, bis irgendwer sagt:
„Langsam wird's ekelig. Ich schwitze wie ein Pferd!".
Worauf hin sich alle lachend wieder von einander lösen.
Ich geh ein paar Schritte Richtung Parkplatz zurück, und dann erhebe ich mich in die Luft, und fliege zum Turm.
Langsam nähre ich mich und sehe Nathan und ein paar andere gerade Pause machen. Sie sitzen lachend in einer Runde in der Sonne. Unbemerkt kann ich mich ihnen nicht nähern, also rufe ich ihn einfach von hier aus: „Nathaan!"
Er blickt in die Richtung, aus der der Ruf kam, aber nicht hoch genug, er erwartet mich nicht in der Luft. Er sucht die Gegend am Boden nach mir ab. Ich nähere mich, und auf einmal sieht er mich. Sein Gesicht versteinert und wird kalkweiß. Zwei von den Anderen sehen mich auch, reagieren entsprechend, während zwei weitere suchend ihrem Blick folgen und mich anscheinend nicht sehen. Ich lande in ein paar Metern Abstand. Jetzt

sehen mich alle, und jetzt gucken auch die beiden Erdlinge verwundert. Sie haben mich aus dem Nichts heraus einfach plötzlich vor ihnen stehen sehen.
„Wie hast du das gemacht?" fragt Nathan, der sich als Erster aus der Starre löst. „Ja, wie hast du das gemacht?" wollen nun auch die anderen wissen.
„Ich bin einfach geflogen. In Nenni ist ALLES möglich, weißt du noch? Die Leute am Strand habens mir gezeigt. Du wirst dich freuen, wer alles hier ist!"
„Geflogen? Du bist plötzlich einfach da gewesen!" sagt einer der beiden Erdlinge.
„Stell dir mal vor, "antworte ich, „du bist in einer Welt in der ALLES möglich ist. In der DU nichts Anderes erleben kannst als DU für möglich hältst. Das war nie anders, tatsächlich lebst du in dieser Welt, nur hast du leider gelernt alles mögliche Mögliche für Unmöglich zu halten. Und nur deswegen kannst du nicht fliegen. Kannst du dir das vorstellen?" Der eine Erdling verzieht das Gesicht und drückt so sein Unvermögen aus, es sich vorzustellen. Der andere schaut ein paar Sekunden lang ins Leere und dann wieder zu mir.
„Pass auf," sage ich und erhebe mich ein paar Meter über den Boden. Ich sehe wie mir ALLE Blicke folgen, folglich sind gerade ALLE in Nenni. Und dann fliege ich einen weiten Bogen, schreie und lache vor Vergnügen und lande schließlich wieder sanft vor ihnen. Ein Erdling kippt ohnmächtig um, alle anderen machen begeisterte Gesichter. „Wie geht das, wie kann ich das auch lernen?"

„Naja, irgendwie gar nich. Ich habs auch nich gelernt. Ich konnte mir nur auf einmal vorstellen, dass es möglich ist und hab es im Herzen fest geglaubt. Fiel mir leicht, weil Cassandra vor meinen Augen geflogen ist. Und dann konnte ich es plötzlich selbst. Der ‚Trick' ist, sich vorzustellen, dass es GEHT, davon ÜBERZEUGT zu sein, dass es geht. Helfen wir ihm, oder lassen wir ihn da einfach so liegen?" Erst jetzt sehen die anderen den auf dem Boden Liegenden und stürzen auf ihn zu.
„Manuel? MANUEL!!" rufen sie, rütteln an ihm, und als er seine Augen öffnet, lachen sie erleichtert.
„Also, ich mach für heute Feierabend," verkündet Nathan. „Wir sehen uns später am Feuer, scheint ein lustiger Abend zu werden. Macht's gut!" Er nimmt mich am Arm und wir schlendern gemütlich Richtung nach Hause. „Echt jetzt? Du kannst fliegen? Ich kann es immer noch nich fassen. Zeigst Du es mir?" Ich lache.
„Erst nach einem Schäferstündchen!"

Die Sonne berührt gerade den Horizont, als wir uns wieder in Richtung Strand aufmachen. Wir haben uns ein wenig private Auszeit genommen und möchten dem Leser den Spaß nicht nehmen, selbst heraus zu finden, was wir gemacht haben. Als wir danach auf der Terrasse saßen, wollte Nathan alles wissen was ich erlebt habe, und wie das mit dem Fliegen geht. Natürlich habe ich es ihm gezeigt, und natürlich hatte er den Bogen schnell raus. Genau so selbstverständlich ist, dass wir jetzt NICHT zum Strand GEHEN. Wir

umarmen uns noch einmal, und dann erheben wir uns leicht wie Federn in die Lüfte.
Es ist lustig zu sehen, wie die Sonne wieder ein Stückchen steigt, als wir ein paar Meter an Höhe gewinnen. Und dann sehen wir den Strand. Er ist regelrecht VOLL von Menschen. Ein paar fliegen und spielen in der Luft mit einem Ball. Die Bucht vor dem Strand ist gefüllt mit Booten, und da liegt ein riesiges schwarzes Schiff mit zerfetzen Segeln vor Anker. Fragend schauen Nathan und ich uns an, dann fliegen wir hin und inspizieren es aus der Nähe. Ein altes Piratenschiff, und Nathan meint: „Wenn ich es nicht besser wüsste, würde ich sagen das ist die Black Pearl!" Wir fliegen an den Strand und gesellen uns zu unseren Freunden. Ein paar Feuer brennen, nicht zu groß, Feuer ist um diese Zeit auf Mallorca aus gutem Grund verboten. Zu schnell ist in den letzten Jahren immer wieder ein Teil der Insel abgebrannt. Doch KönICHe lassen sich nichts verbieten, und machen das, was sie tun SO, dass es keinen Schaden anrichtet.
Ich schau mich um. So viele Leute sind hier! In der Nähe sehe ich Meli stehen, die uns zuwinkt. Bei ihr stehen auch Corinne Casey und Nadine Beiler. Wir begrüßen uns alle herzlich und Nathan Corinne extra lang. Von überall her hört man Manchen reden, lachen und singen. Die Stimmung ist wie bei einem Finale von irgend etwas. Und dann.. denke ich ich sehe nicht richtig. Zwei Armlängen neben mir steht Harry Potter! In voller Quidditch-Montur und mit fliegendem Besen. Und seinem Zauberstab! Den er gerade schwingt, etwas

dabei sagt, das ich nicht verstehe, und plötzlich verwandelt sich der ganze Strand in eine Art Stadion oder Amphitheater. Offen zum Meer hin. Ein großes Oooh und Aaahh ertönt von allen Seiten. Ich gehe zu ihm und frage ihn offen heraus: „Träum ich oder bist du gerade wirklich hier?" – „Naja," antwortet er lächelnd, „du bist hier in Nenni, also beides!" – „Aber wie kommt es, dass du hier sein kannst? Muss Daniel Radcliffe dafür nicht auch hier sein?" – „Wer ist das?" – „Na, der Schauspieler, der dich in den Harry Potter-Filmen spielt!" – „Es gibt Harry Potter-Filme?" – „Auf der Erde ja!" – „Naja, also, das mag sein. Viel wichtiger ist aber zu verstehen, dass du hier DICH siehst, in egal wem um dich herum. Du stehst hier vor dem großen Spiegel. Du solltest einfach deiner Wahrnehmung trauen!"

„Klar so weit?" fragt mich jemand von rechts gleich hinter mir. Ich drehe mich um und mir fällt die Kinnlade auf den Boden. Jack Sparrow! Er ist WIRKLICH hier! Ich falle ihm um den Hals und kann nicht anders, ich MUSS ihn küssen. „Hey hey, Kleines, nicht so stürmisch! Der Tag ist noch viel zu jung um Angst zu haben, irgendwen nicht mehr wieder zu sehen! Übrigens, wenn du ein kleines verlaustes Äffchen siehst, dann sieh zu, dass du Land gewinnst. Der ist echt nervig!" Er dreht sich um und verschwindet unter den Leuten. Ich gehe zurück zu Nathan und den Mädels und frage ob sie Harry Potter und Jack Sparrow schon gesehen haben. Alle gucken mich verwundert an. „Er ist wirklich hier?" fragt Nathan. „Dann ist das da draußen wirklich die Pearl?"

Wir setzen uns an eins der Feuer und nehmen uns an den Händen. „Okay, wir denken und fühlen jetzt alle ‚Wunsch-Andi', gucken wir mal was passiert. Wir schließen die Augen und konzentrieren uns. Ich merke einen Dimensionssprung und der Raum um uns ändert sich. Auf einer Lichtung in einem Wald brennt ein Feuer, und wir sitzen darum herum. Als wir die Augen öffnen, sehen wir, dass Andi mit im Kreis sitzt. Er öffnet seine Augen als letzter und dann reißt er sie auf.
„Es klappt! Es klappt wirklich!!" ruft er und freut sich wie ein kleines Kind.
„Warte, es kommt noch besser. Wir nehmen Dich mit zu uns, da sind noch ein paar Leute, die auf uns warten," sagt Nathan, „lass Dich einfach führen, und ihr anderen," er schaut in den Kreis „fühlt und denkt euch mit uns zurück. Zurück ans Feuer am Strand!"
Als wir die Augen erneut öffnen, sitzen wir mit Andi am Strandfeuer und jubeln. Die Party kann beginnen. Wir liegen uns in den Armen und genießen das Leben, kramen unsere Instrumente hervor und singen ein paar Lieder. Corinne und Nadine singen wie ein ganzer Chor und so wunder-wunderschön. Dann hab ich eine Idee.
Da der Strand noch so aussieht, wie Harry Potter ihn verzaubert hat, muss er wohl noch hier sein, und die Black Pearl liegt auch noch in der Bucht.
Ich springe auf und suche nach den Beiden. Jack finde ich auf einem Felsen sitzend, mit einer Flasche Rum in er einen Hand und einer hübschen Frau, die ich als meine Schwester Tamara kenne im anderen Arm. Ich frage mich, wer hier gerade wen um den Finger

gewickelt hat. Dann bitte ich um Entschuldigung für die Störung und frage, ob wir die Black Pearl als Bühne benutzen dürfen. „Macht sie einfach nicht... kaputt!" ist seine Antwort und ich bin schon wieder weiter. Ich kann Harry nicht finden, also erhebe ich mich in die Lüfte, um die Aussicht zu verbessern. Die Dämmerung ist schon ziemlich voran geschritten, und ich kann kaum noch irgendwas erkennen. Doch dann sehe ich ihn. Oder besser: Ich sehe das blaue Leuchten seines Zauberstabs. Ich fliege auf ihn zu, erzähle ihm von meiner Idee und bitte ihn, die Deko noch ein wenig zu ändern. Er wedelt ein wenig mit seinem Zauberstab, dann rauscht es draußen in der Bucht, und die Anker der Pearl erheben sich aus dem Wasser. Das schwarze Piratenschiff bewegt sich in die Mitte der Bucht und mit einem lauten Platsch fallen die Anker wieder ins Wasser zurück. Flutlichter und Spotlights tauchen die Szenerie in ein umwerfendes Licht. Mit begeisterten Augen schaue ich Potter an und bedanke mich: „Genau so hab ich mir das vorgestellt!" – „Glaub ich, ich hab die Bilder in deinem Kopf als Vorlage dafür benutzt! Ich freue mich sehr auf die Show!" Ich mag ihn!
Ich laufe zurück zu den Anderen und schaue Corinne und Nadine an: „Ihr beiden, kommt mal mit! Nathan, hilfst du mir kurz? Du nimmst Corinne und ich Nadine." Er liest meine Gedanken, und stellt sich grinsend hinter Corinne, während ich Nadine an die Hand nehme und mich hinter sie stelle. „Nicht erschrecken jetzt," flüstere ich ihr in Ohr, umschlinge sie fest mit meinen Armen, und dann erheben wir uns zu viert in die Lüfte. Die

beiden Ladies schreien, erst vor Schreck, dann vor Vergnügen. Wir fliegen ein paar Schleifen, dann landen wir an Deck der Black Pearl. „Eure Show, Mädels, haut uns von den Socken!"
Aus dem nichts heraus erklingt die Melodie von „The Secret is Love", Nadines Final-Song von Eurovision Song Contest 2011. Vor den Beiden erscheinen Mikrofone und sie lachen sich an. „Danke," nicken sie uns zu. Und dann fangen sie an zu singen. Im Duett und um die Wette. Wir suchen uns eine Stelle in der Luft zwischen Wasser und Strand. Beste Plätze.
Die Menschen am Strand jubeln als sie fertig gesungen haben und rufen, nein SCHREIEN nach einer Zugabe. Darum lassen die beiden Nachtigallen sich nicht lange bitten und schon geht das Konzert weiter.
Nach ein paar Liedern verhallt der tosende Applaus, und Corinne beginnt zu sprechen.
„Liebe Freunde, liebe Geschwister, liebe KönICHe, liebe Bewohner von Nenni! Ich hätte nicht gedacht, dass ich in meinem Leben so etwas Tolles erleben darf. Ich meine, im Ernst, wir stehen hier auf der Black Pearl, von der ich bis eben noch dachte, sie sei nur ein Hirngespinst eines Drehbuchautors. Danke vielmals, Jack Sparrow, dass wir sie als Bühne nutzen dürfen. Lange bevor ich Nadine kennen lernte, hatte ich einen Traum, in dem ich mit ihr in einer genau solchen Situation war. Irgendwann lernte ich sie kennen, und wir sprachen über diesen Traum. Ich bin mir gerade nicht so wirklich ganz sicher, ob ich nicht schon wieder träume, aber es ist alles so wahnsinnig real. Und es ist

mir egal. Der wesentliche Teil dieses Auftrittes war jedoch nicht unser Gesang, sondern etwas zu tun, was ich tun wollte, seit ich den Großen Diktator von Chaplin gesehen habe. Damals schwor ich mir, die Gelegenheit zu nutzen, wenn sie sich mir bietet, eine Botschaft an alle Menschen der Erde zu schicken, wie ich sie in diesem Film gesehen habe."

„Ich hatte den selben Traum," sagt jetzt Nadine, „und mein Herz schreit danach, etwas zu tun, was ich schon vor sechs Jahren hätte machen können, mich aber damals noch nicht traute. Ich fühle, dass das hier der Moment ist, in dem es passiert, und ich mach mir fast in die Hose!" Schallendes Gelächter, Beifall und Jubel aus dem Publikum. Die Menge ist begeistert. So etwas hat an diesem Strand noch niemand erlebt.

„Wir finden, es ist an der Zeit, die Liebe zu befreien. Wir haben so lange auf der Erde gelebt, und unsere Zeit damit vergeudet, anderen Menschen hinterher zu laufen, ihre Befehle zu befolgen und ihren Lügen glauben zu schenken. Dadurch haben wir ein solch schlechtes Bild von den Menschen bekommen, dass wir fast den Glauben an die Menschheit verloren haben."

„Doch wir wissen es heute besser! Wir wissen, dass wir von den Menschen genau DAS Bild haben, das wir selbst uns von ihnen machen. Das gilt im Großen wie im Kleinen. Und wir wissen, dass wir von UNS das Bild haben, das wir selbst uns gemalt haben. Dabei haben wir uns anscheinend sehr von unschönen Sichtweisen inspirieren lassen. Wir fühlten uns klein und minderwertig, und das nur, weil wir es gewohnt waren, es GELERNT HABEN, uns alle gegenseitig klein und wertlos zu halten!"

„Wir haben immer das Bild von einander, welches wir uns von einander MACHEN, jeder für sich. Und deswegen denken wir, dass es an der Zeit ist, einen WANDEL, einen weltweiten Wandel einzuleiten."

„Wir laden auch alle von Herzen ein, euch endlich einmal TOLL zu finden. Perfekt. Perfekte göttliche Wesen, die lediglich EINEN Fehler vorweisen: sich selbst als fehlerhaft zu sehen. Klein und minderwertig."

„Niemand soll sich so weiter fühlen! Lasst uns LIEB zueinander sein, egal ob wir uns kennen oder nicht, oder gerade Meinungsverschiedenheiten haben, oder uns in der Vergangenheit sehr unschöne Dinge angetan haben. Wir haben dieses Spiel ALLE mitgespielt, und das einfach nur, weil wir nichts anderes kennen gelernt haben."

„Lasst uns uns alle als die KönICHe sehen, die wir in Wahrheit sind, und uns auch ebenseitig so behandeln! Es ist überhaupt nicht schwer, und wenn wir es eine Weile gemacht haben, vergessen wir, dass es überhaupt jemals etwas Anderes gab. Weil wir Gewohnheitstiere sind. Wir gewöhnen uns an alles. Neuer Job, neues Zuhause, neue Freunde. Bei solchen Dingen haben wir nie gefragt ob wir das hin bekommen, also lasst es uns im Bezug auf die Liebe auch nicht tun!"

„Wir möchten euch einladen, mit uns die Welt in eine große Wahrnehmungskugel der LIEBE zu wandeln, all die, die in der Lage sind, es zu tun! Auch wenn wir uns die Erde als Lebensraum nur vorstellen, so ist sie doch

Bewusstsein, so wie wir. Und sie hat durchaus Gefühle. Diese Gefühle spiegeln die Unseren. Mutter Erde ist traurig, und verletzt, und müde. Weil WIR es auch sind. Weil WIR auch bis hier alles getan haben, um so zu sein. Aber niemand muss bleiben wie er ist. Niemand KANN bleiben wir er ist, weil wir alle lernendes, also sich änderndes Bewusstsein sind! Und so ist Mama Erde."
„Helft uns, die Erde wieder von einem Schlachtfeld, das wir zerstören und uns damit gleich mit, wieder in einen Garten Eden zu verwandeln. Beide Potentiale stecken in ihr, doch es kommt darauf an, welches davon man füttert und zum Ausdruck bringt. Durch das EIGENE Verhalten. Streiten WIR, ist SIE ein Schlachtfeld. LIEBEN wir, ist sie das reinste Paradies! Diesen Unterschied können keine Politiker oder Gurus hervorbringen, sondern nur WIR. WIR ALLE ZUSAMMEN! Jeder für sich. Wir haben uns so viele Gründe nennen lassen, warum es legitim oder normal sei, irgendwen NICHT zu lieben. Und ALLE davon sind der reinste Quatsch! Nichts davon ist wahr. Es gibt keine Gründe, NICHT zu lieben, egal um wen oder was es geht. Wenn wir beginnen zu LIEBEN, wird Liebe SEIN, und sie wird uns umgeben wo immer wir nur sind, WENN wir es denn tun!"
„Wir bitten euch von ganzem Herzen, mit uns eine neue Welt zu erschaffen, eine Welt, die über die Grenzen der Erde hinausgeht. Eine Welt, die so grenzenlos ist wie das Universum selbst, das WIR ALLE SIND. Dabei brauchen wir gar nicht so viel zu tun, denn diese Welt existiert bereits!"

„Alles was nötig ist, ist unsere kleinen Streitereien und großen Kriege beiseite zu legen und uns klar zu machen, dass Gegner eine Illusion sind. Wenn wir keine mehr anerkennen, KANN es keine Kriege mehr geben, und wenn wir stattdessen FAMILIE wahrnehmen, egal wohin wir gehen, sind wir automatisch da wo wir sind **unter Geschwistern.** Keiner muss jetzt JEDEN gernhaben. Unsere Diversität erlaubt es uns, unterschiedlichste Sichtweisen und Interessen zu verfolgen. Wir brauchen genau DAS ab hier einfach mal nur so hinzunehmen, statt es als Grund zu missbrauchen, uns gegenseitig zu bekriegen."
„Liebe Geschwister, lasst uns.. lasst uns.."
Die Rede wird unterbrochen von einem lauten Getöse. Eine Sternschnuppe - nein, ein Meteorit oder so etwas kommt direkt auf uns zugeschossen. Etwa hundert Meter weiter draußen als die Black Pearl liegt, kracht es ins Wasser. Überrascht und erstaunt schreien die Leute am Strand auf, und auch Nathan und mir bleibt fast das Herz stehen. Aber irgendetwas fehlt. Man würde nach dem wuchtigen Aufprall eine Welle erwarten, doch das Wasser bleibt ruhig. Dann bewegt sich unter Wasser etwas hell Leuchtendes auf den Strand zu. Es gleitet unter der Pearl hindurch und bleibt zwischen ihr und dem Strand stehen. Dann taucht es auf. Nicht zu fassen! Es ist allen Ernstes ein Raumschiff! Gebannt starren ALLE Anwesenden auf das Schiff, Jack Sparrow ist sogar aufgestanden!
Oben öffnet sich eine Luke. Dann erscheint ein Kopf, ein blonder Jungenkopf. Ein Junge, vielleicht acht oder

zehn Jahre alt, entsteigt dem Gefährt, dann beugt er sich herunter und hilft einem weiteren Jungen heraus. Was für eine Show wir heute geboten bekommen!

„Hallo!" rufen sie winkend. Vor ihnen erschienen Mikrofone und auch die Beiden werden in anmutendes Licht getaucht.

„Hey, hallo, wir wollten nicht stören, aber ich habe hier einen Termin. Mein Name ist Ami, ich bin der Junge von den Sternen, und das hier ist mein bester Freund Pedro! Sagt Hallo zu Pedro!"

Das Publikum reagiert mit tosendem Beifall. Pedro steht ein wenig verlegen da und bekommt einen hochroten Kopf.

„Pedrito und ich kommen gerade von einem Ausflug durch die Galaxie, den ich kurz unterbrechen musste, weil ich mich bereit erklärt habe, hier eine Sichtung möglich zu machen. Nun.. KÖNNT IHR UNS ALLE SEHEN??" Der junge Mann beweist Entertainer-Qualitäten. Das Publikum liegt ihm zu Füßen.

„Nun, wir sind kurz davor, so etwas auch endlich auf der Erde zu machen, aber da gibt es ein Problem. Die Menschen auf der Erde haben einfach noch nicht verstanden, dass die, auf die sie da in solchen Schiffen warten SIE SELBST sind, also WIR, und nicht irgend jemand Anderes. Hier in Nenni ist heute dieser Kontakt möglich, weil hier WIR empfunden wird.

So lange die Menschen auf der Erde in den Schiffen irgend etwas Anderes erwarten, können wir uns ihnen nicht zeigen, weil sie uns einfach nicht sehen würden. Dabei laufen so viele von uns unter ihnen herum, die sie

eben auch nicht erkennen, weil sie nun mal genau so aussehen wie wir. Doch würden WIR aus diesen Schiffen steigen, könnten sie nicht glauben, dass wir zwar von anderen Planeten kommen, aber trotzdem einfach das Gleiche sind wie sie. Viele glauben halt immer noch, das Leben sei auf der Erde entstanden."
Pedro und er lachen herzlich. Einige Andere lachen mit, dann immer mehr, und dann lacht der ganze Strand. Laut und herzlich. Gelöst. Freudig. Liebevoll. Und Nathan und ich mittendrin.

Um es kurz zu machen:
Viele von uns schliefen in dieser Nacht am Strand, etliche auf der Pearl, und Nathan und ich durften mit Ami und Pedro eine Reise antreten, die wir nie vergessen werden. Aber von der erzähle ich Euch ein anderes Mal. Warum? Weil hier ALLES MÖGLICH ist!

Bis bald mal wieder,
Samira

OPEN YOUR MIND!

7. Umsetzung

Wie die vorangehende kleine Geschichte zeigt, kommt man als KönICH mit herkömmlichen, konventionellen Sicht- und Denkweisen nicht weit.

Man muss sich erlauben, ein SPINNER zu sein, um das Unmögliche als Mögliches zu erleben. Das ist, was ein Öffnen des Geistes mit sich bringt. Man bricht aus den alten Denk-Gewohnheiten aus und erkundet NEUE Horizonte.

Um das ein wenig zu erleichtern, ist es dienlich, sein Umfeld ein wenig anzupassen, und sich mit Leuten zu umgeben, die einen leichter verstehen können, weil sie auch begonnen haben, etwas querer zu denken.

Aus diesem Grund gibt es im facebook eine Gruppe namens *„Nenni – Das Land der KönICHe"*.
Jeder Interessierte ist hier herzlich eingeladen und willkommen, seine Gedanken und Erfahrungen zum Austausch anzubieten und sich bei den Anderen zu inspirieren. Eine Gruppe von Moderatoren sorgt dafür, dass hier jede(r) KönICH sein kann und darf.
Bitte benehmt Euch aber hier auch so.

Spielchen spielen, ganz bewusst, den ganzen Tag, erleichtert den Einstieg in das Leben als SPIEL.

Ich wünsche ein erfülltes Leben als KönICH, und hoffe, mit dem Schreiben dieses Buches eine kleine Hilfe sein zu können. Ich bin natürlich auch in dieser Gruppe zu finden, und immer sehr interessiert an Anregungen und Ideen. Die meisten von denen, die ich in diesem Buch zusammengetragen habe, sind durch diesen Austausch entstanden.

Ich freue mich über jede(n) weitere(n) KönICH in meiner Wahrnehmung, und über jeden neuen Bewohner von Nenni. Land, Planet, oder was immer es sein mag... es ist unser INNEN.

Erobern wir die Welt und das Leben.
Beides ist genau DAZU da.
Nur halt dieses Mal.. FRIEDLICH <3

Ich wünsche Jedem, dass die Worte der beiden Nachtigallen aus unserer kleinen Geschichte das Ohr einer Jeden erreichen, das Herz eines Jeden berühren, und uns alle in einer Welt zusammenfinden lassen, in der wir Geschwister sind.

Als letzte Anmerkung: Natürlich ist es wieder sehr sinnvoll, die Menschen zu googlen oder live zu treffen, die Samira in Nenni trifft. Reale oder erfundene.

LIEBE IST!
Bauchi

Platz für eigene Notizen:

Weitere Bücher des Autors:

Alle zu finden unter ***www.lest2020.de***

„Das Buch vom Universum"
ISBN: 9783738647600

„2020 – Die neue Erde"
Ein Erlebnisbericht
ISBN: 9783738633382

„?!"
nur als kostenloser Download.